Gerhard Döring / Ernst Lehrs

Verlorenes Paradies

Gerhard Döring / Ernst Lehrs

Verlorenes Paradies

Die Visionen des
Thomas Traherne

Verlag Urachhaus

Die englischen Originalgedichte sind der folgenden
Ausgabe entnommen:
Thomas Traherne, *Selected Poems and Prose*,
edited by Alan Bradford, London 1991

ISBN 3-8251-7067-5

© 1996 Verlag Urachhaus GmbH, Stuttgart
Umschlaggestaltung: Bruno Schachtner, Dachau
Druck: WB-Druck, Rieden

Inhalt

Ernst Lehrs: *Thomas Traherne – Mystiker des Gedankens und Künder des kosmischen Kindheitsbewußtseins* 7

Hinweise des Übersetzers 42

Thomas Traherne – *Gedichte*

The Author to the Critical Peruser – Der Autor an den kritisch prüfenden Leser 48
The Salutation – Die Begrüßung 52
Wonder – Staunen 56
The Preparative – Der Vorbereitungsstand 62
Solitude – Einsamkeit 68
On News – Über Neuigkeiten 76
The Return – Die Wiederkehr 80
Nature – Natur 82
Dreams – Träume 88
Thoughts – Gedanken 92
Hosanna – Hosanna 98

Thomas Traherne – *Meditationen*

Aus dem ersten Hundertstück der Meditationen 106

Gerhard Döring: *Freudige Begeisterung* 135

Anmerkungen 155
Literaturhinweise 158

Ernst Lehrs

Thomas Traherne
– Mystiker des Gedankens und Künder des kosmischen Kindheitsbewußtseins[1]

Um den geistigen Standort, den *Thomas Traherne* als ein Zeuge der erwachenden Bewußtseinsseele in der zweiten Hälfte des 17. Jahrhunderts inne hat, mit der nötigen Deutlichkeit zu sehen, tun wir gut, uns das Bild zu vergegenwärtigen, das *Bacon* vom Menschen als einem die Welt erfahrenden Wesen aufgestellt und das er in seinem »Novum Organon« – nicht lange vor Trahernes Geburt – der Welt mitgeteilt hat. Der Mensch erscheint da als eine Art Hohlraum in der Welt, dessen Wand mit unebenen Spiegeln bedeckt ist, in denen sich die Welt daher nur verzerrt und verfärbt zu spiegeln vermag. Charakter, Veranlagung, Erziehung sowie die augenblickliche Stimmung und die leiblich-seelische Verfassung sind die bestimmenden Faktoren dieser »Unebenheiten«. An ihnen etwas zu ändern ist der Mensch außerstande. In neuerer Begriffsweise können wir sagen, daß, so gesehen, der Mensch ein reines Ergebnis ist von Vererbung und Anpassung.

Ein solches Bild des Menschen tritt nicht von ungefähr auf, sondern hat seine geistesgeschichtliche Vorbereitung, und man muß oft Jahrhunderte zurückblicken, um die Anfänge einer solchen zu finden. Der Blick wird zurückgeführt auf den Kirchenvater *Augustinus* (354–430) und darauf, wie dieser in seinen »Bekenntnissen« das menschliche Wesen, für die folgenden Jahrhunderte bestimmend, gesehen hat. Hier treffen wir zugleich auf den Ausgangspunkt jener Entwicklung des christlichen Denkens, welche, mit Heisenberg zu sprechen, es dahin gebracht hat, daß »Gott so hoch über die Erde in den Himmel entrückt schien, daß es sinnvoll wurde, die Erde auch unabhängig von Gott zu betrachten«. Indem Augustinus in dem genannten Werk auf das Wesen des kleinen Kindes zurückblickt, sagt er (Buch I., Kap. 8.):

»Dieses Alter, o Herr, von dessen Durchleben ich keine Ahnung habe, das ich nur nach anderer Glaubwürdigkeit und anderen Kindern gefolgert habe, mag ich, obgleich diese Schlüsse vollen Glauben verdienen, kaum zu dem Leben zu rechnen, das ich in dieser Zeitlichkeit lebe. Denn der dunkle Schleier der Vergessenheit ruht darüber, gerade wie über jenem Leben, das ich verbracht habe in meiner Mutter Leibe. Doch wenn ich aus sündlichem Samen gezeuget und meine Mutter mich in Sünden empfangen hat, wo, mein Herr und mein Gott, so sage es mir, ich flehe Dich an, wo oder wann war Dein Knecht sündlos? Doch lassen wir jene Zeit, ist mir doch von ihr in meiner Erinnerung keine Spur zurückgeblieben.«

Aufgrund einer solchen Erlebnisweise konnte Augustinus sich den Menschen nicht anders vorstellen, als daß er vom ersten Augenblick seines Lebens an den im Menschengeschlechte fortvererbten Folgen des Sündenfalls voll ausgesetzt ist. Und so ruft er denn an einer anderen Stelle seiner »Bekenntnisse« aus: »Vor Dir, o Gott, ist niemand frei von Sünden, selbst nicht das Kind, das nur einen einzigen Tag auf der Erde gelebt hat.« Zu einer Erhebung der Seele aus diesem Zustand, insofern eine solche – gemäß des Augustinus Anschauung von der Prädestination – überhaupt in Betracht kommt, bedarf es des Mittels der von der Kirche an Gottes Statt verabreichten Gnadengaben (Sakramente), keinesfalls aber kann die Seele aus eigener Anstrengung etwas dazu tun.

Die Ähnlichkeit dieses Bildes vom Menschen mit dem modernen wissenschaftlichen fällt ins Auge. Beiden ist die zentrale Annahme gemeinsam, daß die Entwicklung vom Kinde zum Erwachsenen als eine Entfaltung gewisser ererbter Eigenschaften angesehen wird, die dann nur noch durch von außen kommende Einflüsse eine weitere Veränderung erfahren. Der Unterschied besteht nur darin, daß die modernen Begriffe von Vererbung und Anpassung ohne Beziehung zum religiös-moralischen Streben der Seele gebildet sind.

Die Auffassung des Augustinus blieb in seinen eigenen Tagen keineswegs unwidersprochen. Gegen sie erhob sich ein Angehöriger des nördlichen (irischen) Christentums, der, um an dem großen Geschehen der jungen Christenheit teilzunehmen, um das Jahr 400 aus seiner iroschottischen Heimat nach Rom gekommen war. Er ist unter dem Namen *Pelagius* in die Geschichte eingegangen, womit man aber nur ausdrücken wollte, daß er von jenseits des Meeres (griechisch: pelagos) stammte. Über seine Persönlichkeit ist sonst nichts bekannt, als daß er in Rom wegen der ungewöhnlichen Lauterkeit seines Wesens bald in hohem Ansehen stand. Was Pelagius veranlaßte, gegen die Lehren des Augustinus öffentlich aufzutreten, war die sich aus ihnen ergebende Verneinung jeglichen freien Willens im Menschen. Konnte er doch nicht anders, als in der rein passiven Hingabe des Menschen an den Willen Gottes, wie Augustinus sie lehrte, eine Gefahr für die künftige Entwicklung der christlichen Menschheit zu erblicken. Wie radikal sich seine Schau des Menschen von der des Augustinus unterschied, zeigen die folgenden Leitgedanken seiner Lehre:

Ein jeder Mensch beginnt sein Leben in demselben Zustand, in welchem Adam vor dem Falle war.

Alles Gute oder Böse, wofür wir im Leben des Lobes oder Tadels wert sind, wird durch uns selbst getan und ist nicht mit uns geboren.

Vor dem Erwachen des persönlichen Willens des Menschen ist nichts in ihm, als was Gott in ihn gelegt hat.

Es ist daher in des Menschen freien Willen gelegt, gleichwie er durch sich selbst in die Sünde gerät, so sich auch selbst durch eine Nachfolge Christi aus ihr zu erheben.

Daß Pelagius so zu denken vermochte, kam daher, daß er aus einer Gegend Europas stammte, in der zu jener Zeit eine im Süden bereits weitgehend erloschene Erinnerungsform des Menschen noch zu einem gewissen Grade lebendig war. Das war die Erinnerung an die Herkunft der Seele aus einem vorgeburtlichen, rein geistigen Dasein, wie sie allen älteren Völkern gemeinsam war. Der Zeitpunkt ist deutlich bemerkbar, zu welchem innerhalb der Epoche der Entwicklung der Gemüts- und Verstandesseele (die von den jüngeren, nördlichen Völkern erst später durchgemacht wurde) bei den Völkern der Mittelmeerkultur diese Erinnerung aufhörte, wirksam zu sein. Das war im vierten vorchristlichen Jahrhundert im Übergang der Philosophie von Plato zu Aristoteles. Während Plato noch ein deutliches Wissen davon kundgibt, daß die Seele Eigenschaften besitzt, die ihr in einem vorleiblichen Dasein eingepflanzt worden sind, kennt Aristoteles einen unverkörperten Zustand der Seele nur noch nach dem Tode. Für ihn fällt der Existenzbeginn der Seele mit dem des Leibes zusammen. Es hat dann noch rund zweimal vierhundert Jahre gebraucht, bis dieses Bild des Menschen in den Mittelmeergebieten so weit Gemeingut des menschlichen Erlebens wurde, daß Augustinus seine Lehre hierauf aufzubauen vermochte, die dann die Anschauung des Menschen von sich selbst für die folgenden Jahrhunderte bis in unsere eigene Zeit hinein geprägt hat.

Gegen Pelagius erhob sich von seiten der Anhänger des Augustinus ein ungeheurer Kampf, der mit allen – teilweise keineswegs »christlichen« – Mitteln gekämpft wurde und zum Siege über die Lehre des »Erzketzers« geführt hat. Geistesgeschichtlich gesehen, war dieser Sieg notwendig. Denn um der Vererbungslehre des Augustinus das nötige Gegengewicht halten zu können, hätte Pelagius fähig sein müssen, die erste Lebenszeit des Menschen zugleich als den Anfangszustand des irdischen und den Endzustand eines vorirdisch-kosmischen Daseins der Seele zu erkennen. Dafür aber war auch bei ihm das unmittelbare Wissen um dieses letztere zu sehr entschwunden. So trieb ihn denn die Unvollständigkeit seines Menschenbildes dazu, die Bedeutung der Vererbung und damit der sogenannten Erbsünde im Dasein der Menschen zu unterschätzen und sogar völlig zu leugnen. Für ein Zeitalter, das keine unmittelbare Erfahrung von der Präexistenz der menschlichen Seele mehr besaß, war die Lehre des Augustinus in der Tat die angemessenere. Im Vergleich zu Pelagius war Augustinus der modernere Mensch.

Es bedurfte dieses historischen Exkurses, um die geschichtliche Stellung von Thomas Traherne im rechten Licht erblicken zu können. Denn in ihm sehen wir nun um die Mitte des 17. Jahrhunderts eine Erscheinung heraufkommen, die – im Sinne geschichtlicher Symmetrie – das Gegenstück zu der des Pelagius bildet. Trahernes Leben ist bestimmt durch eine klare Erinnerung an allerfrüheste Kindheitserlebnisse, ja sogar, wie wir sehen werden, an solche vor seiner Geburt. Dieses letztere zu erkennen, blieb ihm allerdings versagt durch die Grenzen, welche die seit Augustinus herrschend gewordene Anschauung auch seinem Denken setzte. Seine Welt- und Menschenanschauung läßt ihn uns aber ganz auf der Seite des Pelagius und in vollem Gegensatz zu Augustinus sehen. In aller Deutlichkeit zeigen dies die folgenden Stellen aus seinen zwei uns bekannt gewordenen Schriften, die deshalb hier, bevor wir noch auf sein Leben und sein Wirken eingehen, angeführt seien.[2]

»Gewißlich, Adam im Paradiese hatte keine lieblicheren und wundersameren Eindrücke von der Welt als ich, da ich ein kleines Kind war. Alles erschien zunächst neu und fremd, unaussprechlich seltsam, köstlich und schön. Ich war ein kleiner Fremdling, der sich bei seinem Einzug in die Welt von unzähligen Freuden begrüßt und umgeben fand. Mein Wissen war göttlicher Art. Ich hatte auf intuitive Weise Einsichten, die ich mir nach meinem Abfall nur durch höchste Vernunftanstrengung wiedererworben habe. Gottes Werke in ihrem Glanz und ihrer Herrlichkeit unterhielten mich gleich einem Engel, ich sah alles in paradiesischem Frieden. Himmel und Erde sangen meines Schöpfers Lob und machten eine Musik, wie sie Adam nicht schöner hat hören können. Die Zeit war Ewigkeit und ein andauernder Sabbath. Ist es nicht seltsam, daß ein unmündiges Kind Erbe der ganzen Welt sein kann und Geheimnisse zu schauen vermag, die keine Bücher der Gelehrten enthüllen?«

Übereinstimmend hiermit beginnt eines seiner Gedichte unter dem Titel »Wonder« – was ebenso »Wunder« wie »Staunen« (Verwunderung) heißen kann – mit den Worten:

Wie engelgleich kam ich hernieder!
Wie leuchtet alles um mich her!
Als ich inmitten Seiner Schöpfung erst erschien,
Wie ward ihr Glanz mir da zur Zierde!

Die Welt, sie glich ganz Seiner Ewigkeit,
Darinnen meine Seele sich erging,
Und jedes Ding, das ich gewahrte,
Es redete mit mir ...

Thomas Trahernes Schriften wie auch er selbst sind bis zu ihrer zufälligen Auffindung am Ende des vorigen und ihrer Veröffentlichung anfangs dieses Jahrhunderts dem allgemeinen Kulturbewußtsein völlig verborgen geblieben. Die Geschehnisse, die zur Entdeckung derselben und zur Identifizierung des Verfassers geführt haben, sind ein so hervorragendes Beispiel für das Walten schicksalsbildender Mächte in der Geistesgeschichte der Menschheit, und sie sind so sehr ein Ausdruck seines eigenen Wesens, daß davon hier zunächst berichtet werden soll.

Es war an einem Tage des Jahres 1895, als ein Londoner Bücherliebhaber auf einem Bücherkarren im Osten der Stadt zwei gut erhaltene Manuskriptbände unter allerhand anderem Altmaterial dieser Art hervorzog. Ein Autor war auf keinem der beiden verzeichnet. Er kaufte sie für wenige Groschen. Was er in einem der beiden fand, ließ ihn an *Henry Vaughan*, den bekannten religiösen Dichter des 17. Jahrhunderts, als den wahrscheinlichen Autor denken. Ein Freund, ebenfalls Kenner der Literatur jener Zeit, teilte seine Ansicht und erwarb die beiden Bände in der Absicht, die für solche Erscheinungen interessierte Leserwelt mit der Veröffentlichung bisher unbekannter Gedichte Vaughans zu überraschen. Sein Tod im Jahre 1899 verhinderte die Veröffentlichung, mit deren Vorbereitung er schon beschäftigt gewesen war. Dadurch wurde verhindert, daß ein Irrtum in die Welt kam, den zu entdecken und zu berichtigen schwerlich gelungen wäre. Mit dem Verkauf seiner Bibliothek kamen die Manuskripte an einen bekannten Londoner Buchhändler, der sie einem Freunde, *Bertram Dobell*, zeigte, um dessen Meinung, den möglichen Verfasser betreffend, zu erfahren. Dobell war ein Autodidakt, der sich von einem armen Laufburschen zum Inhaber einer weithin bekannten Londoner Buchhandlung hinaufgearbeitet hatte, die heute noch seinen Familiennamen trägt. Als ein solcher war er genügend unvoreingenommen, um schon bald den wesentlichen Unterschied zwischen dem seelischen Temperament dieser Gedichte mit ihren feurigen, von Lebensbejahung übersprudelnden Versen und der ruhigen, zurückhaltenden, langsam einherschreitenden Dichtweise Vaughans zu bemerken. – Wenn aber nicht Vaughan, wer war dann der Verfasser?

Als Dobell dem ursprünglichen Finder seine Zweifel vortrug, konnte dieser sich ihnen nicht verschließen. Und mehr als das: Er erinnerte sich jetzt, daß ihm selbst einmal ein Gedicht aus der gleichen Zeit über den Weg gekommen war, aus dem ihm derselbe freudige Ton entgegengeklungen hatte, und das ihn deshalb damals besonders berührt hatte. Es war dies vor vielen Jahren gewesen, als er ein kleines anonymes Buch in der Bibliothek des Britischen Museums mit Gedichten dieser Zeit durchsah. So ging er hin und schrieb das ganze Buch für seinen Freund ab. Was Dobell da fand, ließ ihm keinen Zweifel, daß der Verfasser dieser Gedichte derselbe war wie der seiner beiden Manuskriptbände. Auf dem Büchlein war nun zwar ebenfalls kein Verfasser angegeben, dafür war im Vorwort erwähnt, daß derselbe Hauskaplan von Sir Orlando Bridgeman, dem Lordsiegelbewahrer König Karls II., gewesen sei. Es war nun nicht schwer, diesen als *Thomas Traherne* zu identifizieren. Ein zeitgenössisches biographisches Lexikon gab einigen Aufschluß über Trahernes Herkunft und akademische Laufbahn. Weitere Suche brachte zwei Prosabände unter seinem Namen ans Licht, die bis dahin ein unbekanntes Dasein in den Bibliotheken des Landes geführt hatten. In einem dieser fand Dobell mitten zwischen dem Prosainhalt einige Verse, die übereinstimmend in seinen Manuskripten vorkamen. Damit war der endgültige Beweis geliefert, daß Traherne ihr Verfasser war. Im Jahre 1903 hat Dobell seine Gedichte unter dem Titel »The Poetical Works of Traherne«, im Jahre 1908 seine Prosaschriften unter dem ihnen von Traherne selbst gegebenen Titel »Centuries of Meditations« veröffentlicht.

Für die Kenntnis des Lebens Trahernes und seiner Persönlichkeit war naturgemäß keinerlei äußeres Material vorhanden. Allein, er selber hat dafür unabsichtlich Grundlegendes geliefert durch seine Art, dasjenige, was er geistig vermitteln wollte, anhand eigener konkreter Erlebnisse im Umgang seiner Seele mit ihrer natürlichen und sozialen Umgebung darzustellen. Es ist das Verdienst einer australischen Forscherin, Gladys I. Wade, dieses bemerkt und daraus die richtige Folgerung für ihre Traherne-Forschung gezogen zu haben. So hat sie den ungewöhnlichen Weg beschritten, eine jede derartige Äußerung Trahernes als Wegweisung zu nehmen für das Auffinden der entsprechenden Tatsachen seines äußeren Lebens. Auf diese Weise ist es ihr gelungen, dieses Leben weitgehend aufzudecken. Ihre Ergebnisse hat sie in einem »Thomas Traherne« betitelten Buch niedergelegt zusammen mit einem eigenen Kommentar zur Philosophie Trahernes.[3] Die Anerkennung, die ihr für ihr Werk gebührt, kann nicht abhalten festzustellen – gleiches gilt auf seine Weise für Dobell –, daß sie durch ihre eigenen religiösen Bindungen, trotz aller unverkennbaren Liebe zu Traherne, daran gehindert worden ist, dem Wesentlichen gerecht zu werden, was er der Welt zu geben sich verpflichet fühlte. Denn für sie macht unter allen von ihr sonst so real genommenen Selbstschilderungen Trahernes die eine, die aber sein ganzes Leben und Lehren bestimmt hat, eine Ausnahme: das sind die übersinnlichen Erlebnisse seiner Kindheit, die er so vielfältig beschreibt und besingt. Ist doch für sie dieses Kind nur eine symbolische Gestalt, von Traherne rein poetisch konzipiert, um die Kindheit als solche zu verherrlichen. Vor dieser Mißdeutung bewahren sie Trahernes eigene eindeutige und nachdrückliche Aussagen nicht, die allerdings alle unter den von ihr zitierten Stellen seines Werkes fehlen, was so weit geht, daß sie bei der Wiedergabe eines seiner Gedichte bestimmte Zeilen überspringt!

Wie sah nun das Leben dieses Menschen aus, der samt seinem Werk so spät und auf eine so seltsame Weise bekannt geworden ist?

Thomas Traherne wurde im Jahre 1637 als Kind armer Leute in Hereford geboren, der Hauptstadt der englischen Grafschaft des gleichen Namens an der Grenze von England und Wales, die selber halb englisch, halb walisisch ist. Seine Mutter scheint er früh verloren zu haben. Der Vater muß eine moralisch nicht schätzenswerte Persönlichkeit gewesen sein. Laster, Streit und Tränen, so erzählt der Sohn später, waren Inhalt der Eindrücke des kleinen Knaben. Zu seinem Glück fand er sich früh in das Haus eines Oheims versetzt, eines begüterten Gastwirtes in der Stadt, der eine geachtete Stellung in der Bürgerschaft innehatte. Durch den gutmütigen, lebenstüchtigen Pflegevater fand er sich in leiblicher und seelischer Hinsicht auf eine dankenswerte Weise versorgt. Dies änderte sich auch nicht, als der Oheim im achten Lebensjahr des Knaben starb. Es scheint, daß seine Pflegegeschwister ihm die gleiche Sorge weiter angedeihen ließen. Durch den Oheim scheint er ferner in dessen Testament so bedacht worden zu sein, daß er später ohne Stipendium in Oxford studieren konnte. Dennoch fand sich in jenen Jahren die junge und dafür besonders empfindliche Seele manchen ihr Not und Leid bereitenden Eindrücke aus dem sie umgebenden Leben der Gastwirtschaft ausgesetzt, zumal in der damaligen turbulenten Zeit der englischen Bürgerkriege.

Dem Brauche der Zeit entsprechend, bezog Traherne mit sechzehn Jahren die Universität. Sein Studium in Oxford, das im wesentlichen der Theologie und Philosophie (im Sinne der damaligen Zeit) gewidmet war, währte mit einer Unterbrechung im ganzen acht Jahre. Nach Ablauf der ersten vier Jahre verließ er Oxford mit einem ersten akademischen Grad, um für ein Jahr bei einem Geistlichen seiner Heimatstadt zu praktizieren. In dieser Zeit empfing er seine Ordination, die mit einer Anstellung in der Gemeinde des unweit gelegenen Ortes Credenhill verbunden war. Da er mit zwanzig Jahren noch nicht alt genug war, um diese Stellung praktisch anzutreten, kehrte er für weitere vier Jahre nach Oxford zurück. Diese Zeit schloß er mit seiner Promotion ab. Da er inzwischen das nötige Mindestalter für einen amtierenden Rektor der anglikanischen Kirche erreicht hatte, konnte er nun seine Stelle in Credenhill antreten. Während dieser zweiten Periode in Oxford begann seine Persönlichkeit infolge seiner edlen Seelenart und der Weite und Tiefe seiner Bildung bereits die Aufmerksamkeit anderer auf sich zu ziehen. Dies mag Orlando Bridgeman veranlaßt haben, ihn sechs Jahre später aufzufordern, seinem Hause als sein Hauskaplan beizutreten. Dort kam Traherne mit der großen Welt seiner Zeit in Berührung. Doch endete diese Periode nach fünf Jahren dadurch, daß Orlando Bridgeman vom König seiner Stellung enthoben wurde. Von dessen Verhalten in Ausübung seines verantwortlichen Amtes enttäuscht, hatte Bridgeman sich geweigert, eine bestimmte königliche Anordnung auszuführen. So verließ er London mit seinem ganzen Haushalt, um den Rest seines Lebens auf seiner Privatbesitzung in der Nähe von London zu verbringen, wo er nach zwei Jahren im Sommer des Jahres 1674 starb. Ein Vierteljahr später folgte ihm ebendort Traherne. Das genaue Datum seines Todes ist nicht bekannt. Man weiß nur, daß er am 27. September sein Testament gemacht hat und am 10. Oktober in der Kirche des Ortes unter der Kanzel beigesetzt worden ist. – So endete Trahernes Leben in der Michaelizeit in seinem siebenunddreißigsten Jahr.

Wie bereits angedeutet, hat Traherne Erfahrungen seines Lebens als Stoff für seine geistigen Lehren verwendet. Dies war ihm möglich, weil die äußeren Ereignisse desselben in einzigartiger Weise zugleich Meilensteine seiner inneren Entwicklung waren. Sie seien daher hier zunächst wiedergegeben. Auf ihrer Grundlage läßt sich dann anhand bestimmter Aussagen von ihm selber die Art seiner kindlichen Geistesschau, ihr Verlust, ihr Wiedergewinn und die sich daraus für ihn ergebende Weltansicht vergegenwärtigen.

Traherne war etwa drei Jahre alt, als *Amos Comenius* in England weilte, um dort seine erzieherischen Reformideen zu verbreiten. In wenigen Jahren hatten diese so weit Anklang gefunden, daß Traherne bereits auf die neue Weise unterrichtet wurde. Was ihm da aus dem neuen Impuls des »Hin zur Sinneswelt« dargebracht wurde, konnte ihn stets erneut begeistern. Aber diese Begeisterung war immer wieder von Enttäuschung gefolgt. Denn was da als Inhalt an ihn herantrat, entstammte alles einer – zwar reinen – Sinneserfahrung, wie sie die junge Bewußtseinsseele jener Zeit mit Freuden übte. Aber was dieser fehlte, war die Betätigung der »inneren Erfahrung«, durch die die Dinge der Sinneswelt aus ihrer Vereinzelung erlöst werden, weil sie sich erst dann in ihrem gesetzmäßigen Zusammenhange zeigen. Traherne aber war mit dem Organ für innere Erfahrung in ungewöhnlicher Weise begabt, und unvergessen war, was dieses ihn in seiner allerersten Kindheit hatte erleben lassen. So hören wir ihn in seinen »Centuries« berichten: »Wenn ich von einem neuen Reich jenseits des Meeres hörte, entzückte mich dessen Licht und Glanz sogleich; es erstand in mir wieder, und ich fühlte mich davon seltsam erweitert ... Wenn die Bibel vorgelesen wurde, so fand mein Geist sich in andere Zeiten versetzt.« Oder auch: Wenn »ein Schrank mit Seltsamkeiten, ein chemisches, geometrisches oder physikalisches Geheimnis« ihm bekannt wurde, so vertiefte er sich mit Eifer dahinein. Aber, so fährt er zugleich fort, »wenn ich ihm auf den Grund sah, so verachtete ich es«.

Aus seinen Kindheitserlebnissen erinnerte er sich, daß »alle Dinge in ihrer Art ewiglich den ihnen zugehörigen Ort in der Welt innehaben«. Später im Leben, als er den Höhepunkt seines geistigen Strebens erreicht hatte, konnte er in der Schilderung seiner gottseligen Schau erneut sagen: »Dieses Schauspiel, einmal erfahren, kann nie wieder vergessen werden ... Es wirft einen Glanz auf Gott und seine Geschöpfe und läßt sie uns in einem göttlich-ewigen Lichte sehen. Kaum erschaute ich dies, so fand ich mich auf einen Thron der Harmonie und vollkommenen Ruhe gesetzt. Alle Dinge fanden sich recht an dem ihnen zugehörigen Ort.« Jetzt aber, in jenem frühen Lebensalter, hören wir ihn klagen: »Alles an dem ihm eigenen Ort ist bewunderungswürdig, tief und herrlich; fortgerückt von seinem Ort ist es wie ein irrender Vogel, trostlos und für nichts gut.« Es war die zerstückelte Art, in welcher der Inhalt der Welt ihm übermittelt wurde, was seine Seele peinigte, die doch so überzeugt war von der grundsätzlichen Einheit und inneren Ordnung aller Dinge. Er fühlte sich durch seinen Unterricht bereichert, aber bei genauerer Zusicht erschienen ihm diese Reichtümer als unzusammenhängendes Stückwerk, das in einen Zusammenhang zu bringen er nicht fähig war.

Zu dieser in jenen Jahren immer wieder auftretenden Erschütterung gesellte sich als eine weitere der Hereinbruch seines Pubertätserlebens. Von seinen Unterrichtsgegenständen enttäuscht, begann er sie zu fliehen und sich äußerem Tollen und Treiben von zum Teil durchaus nicht unschuldiger Art hinzugeben. In Augenblicken, in denen er aus dem »einst hellen, nun schlammbesudelten Strom« auftauchte, erlebte er mit Schrecken, wie er sein früheres keusches Verhältnis zur Welt verloren hatte.

Das dritte Erschrecken, zum Teil durch die beiden anderen verursacht, kam von dem Erleben, daß er seinen ursprünglichen Glauben an Gott und an dessen Offenbarung durch die Heilige Schrift verloren hatte. Er erinnert sich seiner ärmlichen Geburt und des schmählichen Lebens in seines Vaters Haus und ruft in innerer Auflehnung aus: »Wie kann ich glauben, daß Gott seinen Sohn für mich gab, damit er für mich stürbe, wenn er, mit der Macht es anders zu tun, mir nichts als Lumpen gab?« Anfangs erlebt er noch die friedenbringende Kraft, die ihm von dem Inhalt der Bibel zufließt. Doch bald erhebt sich die Frage, wer ihm die Sicherheit geben kann, daß sie Wahrheit enthält. So fühlt er sich zerrissen zwischen dem Erleben des Stoffes der biblischen Erzählungen – »ich war ganz sicher, daß Engel und Cherubim mir keine bessere Kunde bringen konnten« – und seinen Zweifeln an ihrer göttlichen Autorität. Denn die Bibel selbst lieferte keinen sicheren Beweis für den fragenden Geist des Knaben, der durch die »neue Philosophie« erregt worden war, die die Unterrichtsweise seiner Lehrer in ihn hatte einfließen lassen. »Ich konnte mir nicht denken, daß Gott, als die Liebe, sein Kind vernachlässigen würde, und so war ich gewiß nicht sein Kind, noch er die Liebe. Denn er hatte mich nicht sorgfältiger dessen versichert, daß die Bibel Sein Buch vom Himmel war ... Und so hatte ich noch manche andere Fragen bezüglich der Art von Gottes Offenbarung seiner selbst.«

Bis der Tag der großen Krisis kam. Er war fort von zu Hause, vermutlich aufs Land geschickt, damit ihm die durch den Bürgerkrieg in der Stadt entstandenen Wirren erspart blieben. Da geschah es während eines abendlichen Spazierganges, als die Nacht heraufzuziehen begann. Er befand sich allein zwischen stillen Feldern. Der Himmel war bedeckt, in der Luft Gewitterstimmung. Ringsum schien alles wie in Todesruhe erstarrt. Plötzlich fühlte er einen Strom äußerster Verzweiflung und einen abgründigen Schrecken über sich hereinbrechen. Die Stille um ihn herum wurde unheimlich; die Weite des Raumes erschreckte ihn; von den äußersten Enden der Welt fühlte er allseitig Furcht auf sich eindringen. »Ich war ein schwaches, kleines Kind und hatte vergessen, daß es lebende Menschen auf der Erde gab.«

> Nicht Erde, Wälder, Hügel, Bäche noch der Himmel
> Wollten mir sagen, wo das Gut verborgen,
> Nach dem ich mich so sehnte ...

heißt es in einem »Solitude« betitelten Gedicht über diese Stunde der Prüfung. So finden wir Traherne noch nicht sechzehnjährig einem Schwellenerlebnis von symptomatischem Charakter ausgesetzt. Vorwegnehmend wurde ihm da ein Erlebnis zuteil, das mit dem Voranschreiten der Bewußtseinsseele immer mehr ein Allgemeines zu werden bestimmt ist und das in unserer Zeit schon von vielen Menschen in der Jugend, wenn auch unverstanden, durchgemacht wird. Bleibt es aber unverstanden, so birgt es eine ungeheure Gefahr in sich. Denn auf die Seele, die dem sich an dieser Schwelle öffnenden Abgrund verfällt, ohne dieses Erleben zu verstehen, warten leicht Irrsinn, Verbrechertum oder Selbstmordgedanken, denen wir immer häufiger in der Jugend der Gegenwart begegnen. Daher ist es von so großem Wert zu erfahren, wie ein Traherne durch dieses Erlebnis hindurchgeschritten ist, und wenn auch sein Weg nicht der der Menschen unserer Zeit sein kann, so begegnen wir in ihm doch einem Urbild, das für alle weiteren Zeiten gültig ist.

Es gelang Traherne, mit der äußersten Anstrengung seines Willens, zu sich selbst zurückzufinden. In dieser Stunde beschloß er, sich auf den Weg zu begeben, der ihn zur Wahrheit führen würde. Seine bevorstehenden Studien in Oxford schienen ihm diesen Weg zu öffnen. Und so gab er sich denn mit all seiner Begeisterungsfähigkeit diesen Studien hin.

Da tritt uns der eigentümliche Charakter dieser Zeit des Überganges vom Mittelalter zur Neuzeit entgegen, wenn wir lesen, daß er dankbar in sich aufnahm »bei Albertus Magnus die Geheimnisse der Natur oder bei Galilei die Bewegungen des Himmels oder die Kosmographie des Mondes bei Hevelius, den menschlichen Körper bei Galen, das Wesen der Krankheiten bei Hippokrates ... oder die Poesie bei Homer, usw.«. Allein, bald meldet sich auch wieder jene andere Note der Unbefriedigtheit, die er auch früher schon inmitten seines Entzückens über das ihm von seinen damaligen Lehrern Übermittelte erlebt hatte. Was ihm Not bereitete, war wieder das Fehlen der ideellen Verbindung zwischen den vielen Einzelheiten des Wissens. Eine solche konnte man – schon damals! – höchstens im Nebenstudium erfahren. »Wir studierten, um unsere Kenntnisse zu vermehren, aber wir wußten nicht, zu welchem Ziele wir so studierten.« Und wieder Worte der Klage: »Nichts weiß man, wie man es wissen sollte, wenn man meint, man wisse irgend etwas, ohne seinen Ort zu sehen und die Art, wie es zu Gott, Engeln und Menschen und allen Geschöpfen in Erde, Himmel und Hölle, Zeit und Ewigkeit in Beziehung steht.« Erstaunliche Worte im Hinblick auf die Zeit, in der sie geschrieben wurden; sie erinnern an Fausts Verzweiflung im Anfang von Goethes Drama. Glück kann der Seele nur werden, wenn sie ihren Bezug zur Welt als Gottes Schöpfung in allen einzelnen Dingen findet. Aber Gott, wie Traherne ihn sah, konnte nicht durch »bloßes bequemes Träumen« gefunden werden, womit er die meisten Menschen sich begnügen sah. Für ihn war dies nur eine besondere Form des Atheismus! Ein wahrer Gott mußte des Menschen höchste Vernunft befriedigen. Sich zu dieser Vernunft zu erheben, erforderte jedoch höchstes ethisches Streben.

Eine wesentliche Hilfe kommt ihm in dieser Zeit aus seiner Begegnung mit vorchristlicher Weisheit. Damals lebte auch in England stark der Impuls, der von der Florentiner Platonischen Renaissance ausgegangen war. Die Träger desselben wirkten zwar in erster Linie an der Universität Cambridge, doch sieht man gerade an Traherne, daß auch Oxford davon ergriffen gewesen sein muß. Denn er wurde mit den Schriften Platos und Plotins bekannt sowie mit denen, die damals unter dem Namen des Hermes Trismegistos verbreitet waren, deren Inhalt auf altägyptische Mysterienweisheit zurückgeht. Vor allem wird ihm Plato wichtig als der Philosoph der schöpferischen Ideen und als Führer zur Erkenntnis derselben. Das für ihn Bedeutsame aller dieser Schriften bestand darin, daß er in ihnen fand, was die Bibel vor ihm verborgen hielt: daß es einmal einen Weg der Schulung gegeben hat, auf dem der menschliche Geist zu unmittelbarer Einsicht in die Geheimnisse des Weltalls gelangte. Da zeigte sich ihm die Quelle, aus der in alten Zeiten Weisheit in die Menschheit eingeflossen war, und ihm wurde klar, daß die Bibel einen ähnlichen Ursprung hatte. Damit aber fand er sich der Notwendigkeit enthoben, die biblischen Offenbarungen auf bloße äußere Autorität hin anzunehmen. So war es denn nur folgerichtig, daß die Briefe des Paulus und die Schriften des Johannes ihm zu den führenden Teilen des Neuen Testamentes wurden. Da sehen wir ihn auf seine Weise über den Neuplatonismus und Plato hinweg in Berührung mit den Ausläufern des alten Mysterienwesens kommen. Es sollte aber bei ihm nicht bei der bloßen Kenntnis dieser Hintergründe bleiben, sondern, wie sich weiter zeigen wird, zu eigener Betätigung auf dem Wege innerer geistiger Schulung kommen – so weit, daß er selber Lehrer und Führer auf solchem Wege wurde.

Als das Jahr der Unterbrechung seines Studiums abgelaufen war, hatte er noch einmal einen ernsten

Kampf mit sich selbst zu bestehen. Wir erfahren aus seinen Schriften, daß ihm die Gelegenheit geboten wurde, eine berufliche Laufbahn einzuschlagen, die »viel Sorge und Mühe« verlangen würde, die ihm aber ein ansehnliches Einkommen in Aussicht stellte. Wir können vermuten, daß es sich um das Gebiet des öffentlichen Rechtes handelte. Das offensichtliche Angebot eines bestimmten Gönners, seine eigenen geistigen Gaben, die inzwischen so bemerklich zutage getreten waren, und die Aussicht auf eine erfolgreiche Laufbahn im öffentlichen Leben des Landes, all dies drängte ihn in diese Richtung. Seine geistigen Erlebnisse wiesen in die andere. Er ließ sich schließlich von letzteren bestimmen und beschloß, sein theologisches Studium fortzusetzen. Dies bedeutete zugleich für ihn, sich auf den Weg einer strengen Selbstschulung zu begeben. Woher auch für ihn die Anleitung zu solcher Schulung kam, wird deutlich einmal an der Tatsache seiner Beschäftigung mit den hermetischen Schriften, denn diese waren ein Gut, das vornehmlich von den Rosenkreuzern gepflegt wurde, zum anderen aus den Worten eines Mitstudenten, die dieser später zur Charakterisierung Trahernes gebraucht hat. Sie zeigen zugleich, welch außerordentlichen Fortschritt seines Wesens er in den vier Jahren seines weiteren Studiums in Oxford auf diesen Wegen erreicht haben muß. Da heißt es: »Ich kannte einen, einen großen Freund Christi, von dem ich wirklich meine, daß er mehr von Christus und seiner gnadenvollen Gegenwart in den gewöhnlichen Beschäftigungen des Lebens und dem Genuß der Natur erlebte als viele (ja, soll ich nicht sagen, die meisten) Christen in ihren geistigsten Pflichten und Ämtern. Oh, wie könnten wir uns Christi erfreuen in dem sichtbaren Buch der Natur und der Labsal der Schöpfung, hätten wir nur geistige Herzen!«

Christus in der Natur! Und die Natur ein Buch! So kann nur einer sprechen, der zumindest von christlich-rosenkreuzerischem Geist angehaucht ist. Daß das Rosenkreuzertum zu jener Zeit auch in England durchaus aktiv war, geht aus dem hervor, was wir an anderer Stelle berichtet haben.[4] Warum sollten also Wissende aus seinen Reihen nicht auch in Oxford gewirkt haben und einen Kreis von jungen Leuten, deren Qualitäten sie erkannten, darunter Traherne, an sich herangezogen haben, um ihnen in aller Stille Anweisungen für die innere Entwicklung zu vermitteln?

Ganz gewiß ist, daß Traherne damals mit noch einer anderen geistigen Bewegung jener Zeit in engste Berührung gekommen ist, die, obwohl anderen Ursprungs als das Rosenkreuzertum und eigene Wege gehend, doch eine wesentliche Ähnlichkeit mit ihm aufwies. Sie lebte sich in bestimmten religiös orientierten Bruderschaften dar, die den mittelalterlichen Mönchsorden in gewissem Sinne glichen, sich von diesen aber auf eine wichtige Art unterschieden. Ihre Mitglieder befolgten bestimmte strenge Regeln in ihrem äußeren und inneren Leben, teilten aber zugleich das Leben der anderen Menschen, indem sie Familie hatten, einen Beruf ausübten usw. Ausgegangen war der Impuls zu dieser Art Leben von einer Persönlichkeit, die im 14. Jahrhundert im südlichen Mitteleuropa unter dem Namen des »Gottesfreundes« gelebt hatte.[5] Unter seinen Schülern führte dieser Impuls zur Begründung der Bewegung, die unter dem Namen der »Brüder vom gemeinsamen Leben« bekannt geworden ist. Es kann kein Zweifel sein, daß Traherne in Oxford in eine wesentliche Verbindung auch zu dieser Bewegung gekommen ist. Denn nach Abschluß seiner Studien finden wir ihn in Credenhill nicht nur als einen im üblichen Sinne amtierenden Seelsorger, sondern als Mittelpunkt einer religiösen Gemeinschaft von einer im damaligen England verbreiteten Art, deren Lebensweise ganz dem entsprach, was die genannte Bewegung pflegte. Wie alle diese Gemeinschaften nannte sich auch die von Traherne geführte eine »Familie«. Durch einen zeitgenössischen Bericht wissen wir von einem hervorragenden Mitglied dieses Kreises, einer begüterten, tatkräftig im Leben stehenden Frau, Susanna Hopton, daß sie sich bei all ihrer äußeren Inanspruchnahme gewissenhaft fünfmal am Tage zu ihren Exerzitien zurückzog und sich nur ganz ausnahmsweise in Fällen besonderer Dringlichkeit davon abhalten ließ. Sie war es auch, für die Traherne nach seinem Fortgang von Credenhill seine »Centuries of Meditation« als eine Hilfe für ihre Andachten schrieb. Es gibt eine Sammlung von Gebeten von ihrer Hand, inmitten derer sich ein paar Worte der Danksagung an Gott für ihre geistige Freundschaft mit Traherne befinden: »I praise Thee for the super-exalted love of a redeemed person.« (Ich preise Dich für die höchst erhabene Liebe eines erlösten Menschen.) – Das zuvor angeführte Zeugnis von Trahernes Mitstudenten kann uns ein Beweis dafür sein, daß es keine Überschätzung von seiten Susanna Hoptons war, was sie solche Worte für ihren Freund und geistigen Führer gebrauchen ließ.

Ehe wir zu Trahernes Zeugnissen seiner kindlichen Schau übergehen, ist hier ein Hinweis auf das geschichtliche Phänomen seiner Sprache am Platze. Wir dürfen uns hier des schlesischen Sängers *Angelus Silesius* erinnern. Im Hinblick auf ihre Sprache sind sie zusammen zu erwähnen, weil sich hier eine überraschende geschichtliche Parallele zeigt. Innerhalb des deutschen Sprachbereichs tritt uns die übliche Sprache jenes Jahrhunderts in Schriften wie den rosenkreuzerischen entgegen oder etwa im »Simplicius Simplicissimus« und anderen. Da kann es ein berechtigtes Bedürfnis sein, solche Schriften in die Sprache unserer Zeit zu übertragen, wie dies denn auch vorteilhaft zum Beispiel mit der »Chymischen Hochzeit« geschehen ist. Mitten in der Welt dieser zwar herzhaften, uns aber doch kraus anmutenden und oft nicht leicht verständlichen Sprache erscheint unvermittelt diejenige des »Cherubinischen Wandersmannes« in einer Gestalt, als gehöre sie ein Jahrhundert später der Zeit Lessings, Goethes und Schillers an. Ganz das gleiche gilt für die Sprache Trahernes im englischen Sprachbereich. Da tritt Traherne ebenso unversehens mit seiner Sprache auf, die niemanden erwarten ließe, daß sie aus der zweiten Hälfte des 17. Jahrhunderts stammt. Ganz besonders gilt dies für seine Prosa. Und da gibt es vor allem eine Stelle in seinem dritten »Century«, die vom heutigen, englisch sprechenden Gebildeten als eine sprachliche Kostbarkeit erlebt wird, wie sie später kaum ihresgleichen hat, nicht zu sprechen von der Köstlichkeit ihres Erlebnisgehaltes. Sie sei deshalb hier vollständig auf Deutsch wiedergegeben in einer Übertragung, die sich bemüht, etwas von der sprachlichen Qualität des Originals empfinden zu lassen. (Man beachte besonders die gegen Ende auftretende wunderbare Steigerung des Ausdrucks.)

»Alles Getreide war mir schimmernder, unsterblicher Weizen, der keine Ernte kannte und nie gesät war. Ich vermeinte, daß er so von Ewigkeit zu Ewigkeit stünde. Der Staub und die Steine der Straße glichen köstlichem Gold; die Tore (der Stadt) waren das Ende der Welt. Als ich zuerst durch eines derselben der grünen Bäume ansichtig wurde, geriet ich vor Entzücken außer mir: ihre

Lieblichkeit und ihre sonderbare Schönheit ließen mein Herz hüpfen, daß es sich vor Entzücken fast verlor, so seltsame und wunderbare Dinge schienen sie mir zu sein. Und oh, die Menschen! Welch ehrwürdige, achtunggebietende Wesen waren die alten Leute! Unsterbliche Cherubim! Und die jungen Männer glitzernde und funkelnde Engel, und die jungen Mädchen seltsame Wesen von seraphischem Leben und Gebaren. Die auf der Straße tollenden und spielenden Buben und Mädchen waren sich bewegende Edelsteine. Ich wußte nicht, daß sie geboren waren und einmal sterben würden. Alle Dinge verharrten ewiglich so, wie sie waren, in den ihnen bestimmten Ordnungen. Die Ewigkeit strahlte durch das Licht des Tages, und etwas Unendliches zeigte sich mir hinter jedem Dinge, redete mit meiner Erwartung, erregte mein Begehren. Die Stadt schien im Garten Eden zu stehen oder mußte im Himmel erbaut worden sein. Die Straßen waren mein, der Tempel und die Menschen waren mein, ihre Kleider, ihr Gold und Silber waren mein gleichwie ihre strahlenden Augen, ihre lichte Haut, ihre frischen Antlitze. So war der Himmel mein, so Sonne, Mond und Sterne, und so war mein die ganze Welt. Und ich selbst war ihr einziger Zuschauer und Genießer. Kleinliche Besitzansprüche kannte ich nicht, kannte nicht Grenzen noch Trennungen, denn alles Abgeteilte und alles Besitztum war mein, so auch alle Schätze mitsamt ihren Eigentümern. – Bis ich durch viele Umtriebe verdorben wurde und die niedrigen Anschläge dieser Welt kennenlernte. Welche ich nun verlerne und gleichsam wieder zum kleinen Kinde werde, auf daß ich in das Reich Gottes gelangen möge.«[6]

In der Seele Trahernes verbinden sich zwei auf den ersten Blick einander widersprechende Elemente. In den Worten aus seinen »Centuries«, die wir der Darstellung seines Lebens und seiner Persönlichkeit vorangesetzt haben, finden wir ihn einerseits aus einer lebendigen Erinnerung an seine kosmischen Kindheitserlebnisse heraus sprechen, andererseits jenen Tiefgang andeuten, den wir im Verfolgen seines Lebens näher kennengelernt haben, der ihn in eine vorübergehende völlige Verdunkelung seiner Seele gegenüber dem Geiste führte, seinen »Abfall« (im Englischen »apostasis«), wie es dort heißt, aus dem heraus er sich dann erst durch »höchste Vernunftanstrengung« das Verlorene wiedererobert hat. In der Wirklichkeit seelischer Erfahrung liegt da kein Widerspruch vor. Denn Erinnerung übersinnlicher Erlebnisse ist etwas anderes als Erinnerung von Inhalten, die der Seele durch die Wahrnehmungen der physischen Sinne zuteil werden. Als Traherne dahin gelangt war, sich zu selbstbewußter geistiger Schau zu erheben, standen die Bilder der kindlichen Schau wieder mit derselben Unmittelbarkeit vor seiner Seele wie in der Zeit, in der er sich ihrer noch leuchtend erinnerte. Ja, mehr als das. Denn wie wir sehen werden, hat es ganz früh in seiner Kindheit einen Zeitpunkt gegeben, bis zu dem die Schau eine unmittelbar gegenwärtige war, wonach dann nur noch eine, allerdings lebendige, Erinnerung daran verblieb, die schließlich auch verdämmerte, bis dann auf dem jenseits des Tiefpunktes errungenen Höhengang sich ihm die entschwundene Welt in altem Glanz aufs neue enthüllte, zugleich mit der Erinnerung an die einstigen Erlebnisse und deren schrittweises Entschwinden.

So vermag denn Traherne sein Sichberufen-Fühlen als Künder dieser Erfahrungen in den »Centuries« folgendermaßen zu begründen: »Jene reinen, jungfräulichen Wahrnehmungen, die ich vom Mutterschoße an hatte, und jenes göttliche Licht, welches mein war von der Geburt an, sind mir bis zum heutigen Tage das Beste, wodurch ich das Weltall erblicken kann. Als eine Gabe Gottes haben sie mich in diese Welt geleitet, und durch seine besondere Gunst erinnere ich mich ihrer noch heute. Wahrlich, sie erscheinen mir als die größte Gabe, die seine Weisheit verleihen konnte, denn ohne sie sind alle anderen Gaben nichtig und tot. Sie können nicht aus Büchern erworben werden, daher will ich sie hier aufgrund von Erfahrung lehren.«

Als erstes sei hier ein Beispiel aus seiner Gedichtsammlung gebracht, in dem Traherne Inhalte seiner kosmischen Kindesschau wiedergibt, zugleich mit der Erinnerung an das Aufhören des ursprünglich unmittelbaren Schauensvermögens. Er hat diesem Gedicht den Titel »Dumbness« gegeben, was hier mit »Tumbheit« (im Sinne der Bedeutung dieses Wortes in Wolfram von Eschenbachs »Parzival«) übersetzt sei. Das Gedicht ist in mehrerlei Weise ein Dokument objektiver Geisterfahrung. Es folgt hier mit einigen (anschließend begründeten) Auslassungen.

Tumbheit

Gott legt', als er uns schuf, in uns die Kraft zum Denken,
Uns in den Sinn der Welt anschauend zu versenken,
Daß unser Sein sich ganz ins Sein der Welt ergieße
Und Lieb und Lebenskraft aus jedem Ding erfließe.
Drum ist uns auch zunächst das Wort noch nicht gegeben,
Daß sprachlos wir, allein, in uns nur regsam leben,
Beschlossen in uns selbst, bis unsre Seel erfahren
Den Trank, der sie allein vor Sünde kann bewahren.
Auch läßt uns Gott-Natur das Leben taub beginnen,

Daß nichts uns stören mag, derweil wir selig sinnen
Ganz in uns selbst gebannt, kein Laut herab uns ziehe,
Kein Irrtum und kein Trug befleck' die heilge Frühe,
Kein sterblich Menschenwort das eigne Ohr betöre,
Das noch geöffnet ganz den Stimmen andrer Chöre.
...
Dies, Freunde, war gewiß mein eigen selig Los,
Da nichts noch zu mir sprach, ich selbst noch rein genoß,
Den Himmel und die Erd. Da war ich wortlos ganz,
Da lebte schweigsam ich im vollen Himmelsglanz.
Als ich noch nicht verstand, was Menschenrede meint,
Da lag die Welt vor mir noch völlig gottvereint.
...
Nur eine Arbeit gab es da für mich zu tun,
Nur eins erfüllte mich und ließ mich nimmer ruhn.
Ihr fraget, was das war? Mit Geistesaugen weit
Zu schaun die Kreatur in ihrer Göttlichkeit;
Vor allem auch mich selbst; voll Staunen zu erleben,
Wie jedem echten Wunsch Erfüllung gleich gegeben.
Nichts noch als Dankbarkeit für Gottes Schöpfung
                                                    ganz;
Nichts noch als Seligkeit in aller Sonnen Glanz;
Nichts noch als stetig Schaun, Erleben und Erblicken
Der Welten Herrlichkeit in betendem Entzücken.
...
              ... Wieviel gab's da zu lesen,
Zu lernen, zu verstehn von allen Weltenwesen!
Nicht hörte da das Ohr, das Auge lauschte ganz:
Ihm redete der Stein, ihm sprach der Sterne Glanz;
Der Lüfte Windgewalt war seltsamer Gesang,
Der Himmel selber war Orakelmundes Klang.
Was ich allda vernahm, war göttlich Weltgeschehen:
Die Erde sah ich selbst das Priesteramt versehen.
So war ich selber stumm, doch alles außer mir
Sprach, sang und lehrte mich die hehrste Gotteszier.

Bis daß die Stunde kam, da all dies jäh erstarb!
Das war, als ich mir selbst der Rede Kraft erwarb ...

Das Gedicht schließt damit, daß die Stimme, die ihm da einmal erklungen ist, unsterblich in ihm fortklingt und dem Herzen stets hörbar ist, wenn es nur lauschen will, so laut auch die feindlichen Stimmen des Lebens sie zu übertönen versuchen.

In den hier fortgelassenen Teilen ergeht Traherne sich unter anderem in moralischen Verurteilungen der Welt, aus der ihm als kleinem Kind die menschliche Sprache zuerst entgegenklang. Denn in seinem Rückblick deutet sich ihm die Wirkung, die die Erwerbung der Sprache auf des Kindes Bewußtsein gehabt hat, als von dem sündeerfüllten Inhalt der Worte herrührend, die in seiner Umgebung gesprochen wurden. Hier, wie auch in anderer Hinsicht, verlangt Trahernes wirkliche Erfahrung von seiner begrifflichen Deutung unterschieden zu werden. (Wir werden noch einem weiteren Beispiel hierfür begegnen.) Denn was er da durchgemacht hat, ist ein Vorgang, dem jeder Mensch am Beginne seines Erdenlebens unterliegt, und der in Wirklichkeit einen objektiven, in der Natur des Menschen gelegenen Grund hat, in den uns die anthroposophische Geisteswissenschaft den nötigen Einblick hat verschaffen können.

Was sich in der von Traherne erinnerten Weise für alle Menschen in diesem Lebensalter zuträgt, ist eine Wiederholung (im Sinne des auch im Geistigen gültigen biogenetischen Grundgesetzes) von etwas, das sich einmal in der Entwicklung der Menschheit als ganzer zugetragen hat. Als der Mensch noch nicht des physischen Sprechens mächtig war, war die Bewegungsfähigkeit, deren der Kehlkopf und die angrenzende Kopfpartie zur Hervorbringung der Laute der Sprache bedarf, noch mehr über den ganzen Körper verteilt. Zugleich war damit verbunden die Fähigkeit, die elementarische Sprache der Natur wahrzunehmen. Das hat die alte orientalische Weisheit als das Vernehmen des TAO bezeichnet. Einen westlichen Nachklang hiervon finden wir in der Nibelungensage, wenn sie Siegfried durch die Berührung seiner Lippen mit dem Blut des Drachens fähig werden läßt, die Sprache der Vögel zu verstehen. Auf Kosten der Wahrnehmungsfähigkeit des TAO hat der Mensch die Fähigkeit des physischen Sprechens entwickelt und den zum Vernehmen der gesprochenen Worte nötigen, an den Gehörsinn gekoppelten Wortsinn. Deutlich berichtet uns von dem Vernehmen des TAO der Teil von Trahernes Gedicht, der mit den Worten beginnt: »Nicht hörte da das Ohr, das Auge lauschte ganz ...«

Die Sammlung, der auch die folgenden Gedichte angehören, war von Traherne als ein erster Band einer größeren Sammlung gemeint, wovon bisher nichts weiter aufgefunden worden ist. Dem Ganzen hat Traherne den Titel »Poems of Felicity« gegeben, was wir (wieder mit einem Ausdruck aus Wolfram von Eschenbachs »Parzival«) mit »Dichtungen der Saelde« wiedergeben möchten. Der bekannt gewordene Band trägt den besonderen Titel »Divine Objects of an Infant Eye«, was sich etwa wiedergeben läßt mit »Gotterfüllte Betrachtungen über die urtümlichen Wahrnehmungen eines Kindesauges«. Aus den rund sechzig Gedichten dieses Bandes seien im folgenden noch drei, auch wieder in ausgewählten Stücken, wiedergegeben. Viele Gedichte bringen das gleiche Thema in verschiedenen Variationen, und die meisten sind mehr oder weniger lang und wiederholen ihrerseits schon angeschlagene Gedanken in anderer Form, ohne Wesentliches hinzuzufügen. Auch literarisch gesehen, kommt Trahernes Poesie seiner Prosa nicht gleich. Manche seiner Gedichte bringen, wie unser erstes Beispiel zeigt, Gedanken aus den »Centuries« noch einmal in gebundener Form. Jedenfalls genügt die hier vorgenommene Auswahl, um Trahernes Erlebnis- und Anschauungsweise kenntlich zu machen.

In einem Gedicht, das seinerseits den Titel »An Infant Eye« trägt, spricht Traherne davon, wie sich für das kosmische Wahrnehmen der Vorgang des Sehens als solcher ausnimmt:

Ein Licht schlechthin, von aller Trübung frei,
Ein Strahl, rein nur aus Geist, ein Auge
Rein jungfräulicher Art, sieht Dinge,
Die ganz der Gottheit gleichen.
Denn solch ein Auge leuchtet himmelgleich
Und spendet (selber unbewegt) ringsum sein Licht.

Der Strahl des Blickes glänzt da selbst von Licht,
Das lauter, fein, durchdringend, schnell und rein.
Und wie er übertrifft die raschen Winde,
So darf er länger währen auch.
So schnell ist er, daß er der groben Luft nicht greifbar,
Die sich mit solcher Herrlichkeit nicht messen kann
...

Wiederholt finden wir Traherne mit verschiedenen Ausdrücken beschreiben, wie das Sehorgan in diesem Zustande der Seele als selber leuchtend und der Blick als aktiver Lichtstrahl erlebt wird. Genauso schildert uns die Anthroposophie das Erlebnis des Wahrnehmungsaktes für das Bewußtsein, welches sich durch entsprechende Schulung zur ersten Stufe der übersinnlichen Erkenntnis – Rudolf Steiner nennt sie »Imagination« – erhebt.

Die folgenden Teile aus Trahernes Gedicht »My Spirit« sind ein Beispiel für die Genauigkeit seiner Erinnerungen. Sie sind zugleich ein Zeugnis dafür, daß die Erlebnisse, deren er sich in dieser Art erinnert, keineswegs nur solche der ersten Zeit seines irdischen Lebens sind. Denn in solcher Form ist ein Erleben nur vor jeglichem Verhaftetsein an einen materiellen Leib möglich.

Mein einfach-nacktes Leben, das war Ich.
Was da so tätig-stark hinleuchtete
Zur Erd, zum Meer und auch zum Himmel,
Substanz war's meines eignen Geistes.
Ich selbst war dieser Sinn.
Kein Körnlein Schlacke war da in der Seele.
Nicht brauchte Wand noch Rand sie, wie man solche
Bei einer Schale findet. Ganz kraftendes Vermögen
                                                  war das Wesen,
Und dieses war's, das alles fühlte.
Was als Gedanke dem entspringt,
Ist selbst das Selbst. Das braucht der Flügel nicht,
Nicht Hände um zu tasten, zum Knien keine Knie:
Einfach gleich Gott und ungeteilt
Ist Sphäre es im eignen Zentrum,
Ist unbegrenzt, allüberall.

Sein Tun geht da nicht aus von einer Mitte
Hin zu dem Gegenstand als einem räumlich fernen;
Doch wo es hingeht, um zu schaun ein Wesen,
Das es gewahr wird, ist es auch schon dort.
...
Was immer da vor meinem Aug erschien,
War durch Naturas Macht zugleich
Im Innern meiner Seele: All ihr Reichtum
War allsobald in mir; all ihre Schätze waren
Sogleich auch innere Vergnügungen der Seele,

Dinghafte Freuden, die den eignen Sinn erfüllten.
Und all ihr Werk
War Inhalt meiner Seele.
Ein jedes Ding war oder wurde
Gedanke meines Herzens. Nicht konnt ich sagen:
War, was sich derart draußen zeigte,
Dort selber auch, wo es erschien,
Da ich's doch meinem Geiste innewohnen fand;
Oder war's gar das eigne Wesen, das,
Hingebend sich, darin aufleuchtete?
...
Seltsame Freudensphäre, weit gebreitet, die
Von innen her bestimmt, läßt ihre Kraft
Allseitig spielen. Ganz noch gottverwandt
Vermag sie augenblicks sich auszubreiten,
Dabei als unteilbare Mitte zu verharren,
Die ganze Ewigkeit darin umfassend.
's war keine Sphäre,
Und doch erschien es
Als ein Unendliches, zugegen irgendwie allüberall.
...

In dem folgenden Gedicht mit dem Titel »The Preparative« (etwa: Vorbereitung) geht Traherne so weit, unverkennbar aus der Erfahrung der Zeit zwischen Empfängnis und Geburt heraus zu sprechen:

Mein Leib noch tot, die Glieder unbekannt;
Noch unvermögend ich zu schätzen
Der Augen lebensvolle Sterne;
Bevor noch Zunge, Wangen ich mein eigen nannte,
Bevor ich noch von meinen Händen wußte,
Noch vom Zusammenhalt der Glieder durch die Seh-
                                                  nen;
Als weder Nase, Fuß noch Ohr

Ich unterschied, noch sie erschienen waren:
Da weilte ich
In einem Haus, mir unbekannt, ganz neu mit Haut
umkleidet.

Da ward die Seele meine einzge Welt,
Ein lebend grenzenloses Auge,
Dem Schranke kaum der Himmel selbst,
Des' Macht und Tun und Wesen war: zu sehen.
Da war ich in mir selbst ein Raum von Licht,
Des eignen Schauens unbegrenztes Rund,
Noch übertreffend das Gestirn des Tages,
Lebendge Sonne, weithin strahlend,
Ganz Leben, ganz Empfindung,
Ganz unverhüllte reine Urvernunft.
Nicht Durst noch Hunger fühlt ich da,
Von dumpfer Notdurft war ich frei
Und jeglicher Entbehrung ...

Wir haben schon darauf hingewiesen, daß bei Plato noch ein unmittelbares Wissen von der Präexistenz der Seele bestand. Aus dem Verglimmen dieser Anschauung konnten wir uns die Lehre des Augustinus erklären, und andererseits, auf einer noch instinktiven Erinnerung beruhend, die entgegengesetzte Lehre eines Pelagius, als dessen historische Folgeerscheinung wir dann Traherne kennenlernten. Nun finden wir Traherne wiederholt für seine geistige Strebensweise Worte Christi heranziehen, durch welche Christus seine Jünger auffordert, wieder zum Kinde zu werden, um in das Reich Gottes zu gelangen. Das tut auch Augustinus, um sein Verhältnis zu Gott auszudrücken. Und da ist es denn äußerst lichtbringend zu sehen, wie der eine und der andere die gleichen Worte Christi verwendet.

Wir erinnern uns der Worte des Augustinus, mit denen er seine Anschauung vom kindlichen Zustand des Menschen ausspricht. Im unmittelbaren Zusammenhang mit diesen erinnert er sich der Worte Christi, wie sie im 18. und 19. Kapitel des Matthäus-Evangeliums zu finden sind. Dort heißt es:

»Da rief er ein Kind zu sich und stellte es mitten unter sie und sprach: Ich sage euch: es sei denn, daß ihr euch umwendet und werdet wie die Kinder, so werdet ihr nicht in das Himmelreich kommen. Wer nun sich selbst erniedrigt, wie dieses Kind, der ist der Größte im Himmelreich.«

»Lasset die Kindlein und wehret ihnen nicht, zu mir zu kommen; denn ihrer ist das Himmelreich.«

Bei Augustinus finden wir diese Aufforderung Christi in der folgenden Form wieder: »In der Kleinheit der Kinder hast Du, unser König, uns ein Symbol der Demut gegeben, wenn Du sprachest: Solcher ist das Himmelreich.« Man beachte, wie von der ersten der zwei Evangelienstellen hier nur der Schlußsatz erscheint und in des Augustinus Bewußtsein mit der anderen Stelle zusammengeschmolzen ist. In dieser Form und mit diesem Sinn haben sich die Christusworte in das Bewußtsein der westlichen Christenheit eingegraben und werden so auch heute zumeist verstanden und angeführt. Damit ist völlig entschwunden die Aufforderung des Christus, so zu werden, wie man einmal als Kind gewesen ist.

Hören wir dagegen, wie Traherne sich über die gleiche Aufforderung Christi in seinen »Centuries« ausspricht:

»Der Sinn der Worte unseres Heilands, als er sagte: ›Wer will das Reich der Himmel betreten, der muß bereit sein, von neuem geboren zu werden und wieder zum kleinen Kinde zu werden‹, ist sehr viel tiefer, als man gemeinhin denkt. Nicht in dem bloßen Sinne eines sorglosen Vertrauens auf die göttliche Vorsehung ist es, daß wir kleine Kinder werden sollen, noch im Sinne der Schwachheit und kurzen Dauer unseres Zornes und der Einfältigkeit unserer Leidenschaften, sondern des Friedens und der Reinheit unserer ganzen Seele, wobei unter dieser Reinheit auch noch etwas viel Tieferes gemeint ist, als wie sie gewöhnlich aufgefaßt wird.«

Auch in Trahernes Geist hat sich das betreffende Evangelienwort mit einem anderen verschmolzen. Hier aber ist es die Aufforderung des Christus an Nikodemus in seinem Gespräch mit diesem, von dem der Evangelist Johannes berichtet (Joh. II, 3):

»Wahrlich, wahrlich, ich sage dir: Es sei denn, daß jemand von neuem (richtiger: von oben her) geboren werde, so kann er das Reich Gottes nicht schauen.«

Wir sehen: Während für Augustinus das Kind durch seine Kleinheit und Hilflosigkeit im Vergleich zum Erwachsenen zu einem Symbol der geistigen Kleinheit und Hilflosigkeit des Menschen wird gegenüber der Majestät des göttlichen Königs, ist es für Traherne des Kindes Gottnähe, die wiederzugewinnen Ziel des aktiv strebenden Menschen sein muß.

So verknüpfte sich in Traherne die Erinnerung an seine kosmischen Kindheitserlebnisse mit einer bestimmten Auffassung vom Streben der Seele nach Wiedererlangung des göttlichen Einsseins und, damit ganz verbunden, vom Ursprung und Wesen des Gedankens.

Aufgrund dessen, was er selber darin erreicht hat, erlebte Traherne sich durchaus als Philosoph, beauftragt, eine »neue Lehre« zu verkünden, die Lehre vom wahren Wesen des Gedankens. So überrascht es uns nicht, daß nicht weniger als vier seiner Gedichte den Titel »Thoughts« (Gedanken) tragen. Da werden die

Gedanken beschrieben als »die Engel, die wir von uns senden, auf daß sie Gottes Wohnung überall besuchen.« Wohin die Seele ihre Gedanken sendet, da ist sie selber anwesend. Gedanken sind wie der feurige Wagen des Elias, der die Seele, während sie noch hienieden ist, zu den ewigen Freuden bringt.

Wir nannten Traherne, indem wir ihn als Mystiker bezeichneten, einen »Mystiker des Gedankens«. Als ein solcher vermochte er in seinen »Centuries« – wir erinnern uns, daß diese als Meditationsstoff für seine geistige Freundin geschrieben waren – im zweiten Century in folgender Art vom Wesen des Gedankens zu zeugen:

»Der Gedanke der Welt, durch den sie genossen wird, ist besser als die Welt. So ist ihre Idee in der Seele des Menschen besser als die Welt in der Wertschätzung Gottes. Die Welt in deinem Inneren ist eine zurückgereichte Opfergabe, die dem Allmächtigen unendlich viel annehmlicher ist, da sie von ihm gekommen ist, um zu ihm zurückzukehren. Worin ein großes Geheimnis ruht. Denn Gott hat dich fähig gemacht, in deinem eigenen Geiste Welten zu schaffen, die ihm kostbarer sind als die, welche er geschaffen hat. So ist ein Gedanke von der Welt, oder die Welt in einem Gedanken, vortrefflicher als die Welt selber, denn das ist ein Geistiges und also Gott näher. Die stoffliche Welt ist tot und fühlet nichts, aber diese geistige Welt, obwohl unsichtbar, ist allumfassend und ist ein göttliches, lebendes Wesen, die freiwillige Tat einer gehorsamen Seele.«[7]

Hinweise des Übersetzers

»Mit Euch, Herr Doktor, zu spazieren, ist ehrenvoll und ist Gewinn« – das würde ich gerne, lebte er noch, zu Ernst Lehrs sagen, der erstmals die geistesgeschichtliche Bedeutung des englischen Dichters Thomas Traherne angemessen zu würdigen verstand. Ich freue mich, daß sein Essay über Traherne hier in leicht gekürzter Fassung neu vorgelegt werden konnte, und überdies zusammen mit einer Auswahl zweisprachig wiedergegebener Texte des Dichters.

In den Übersetzungen habe ich versucht, die Gedichte, wohl erstmals im Deutschen, metrisch exakt nach den Originalen und mit entsprechenden Reimen zu gestalten, denn sie gewinnen meines Erachtens sehr, wenn sie auch im Duktus möglichst so sind, wie Traherne sie den englischen Zeitgenossen und ihren Nachfahren dargeboten hat. Freilich werden oft auch Einwände gegen eine Rhythmus und Reim wahrende Form gemacht. Das Problem, das damit angesprochen ist – die gegenseitige Einschränkung von semantischer und rhythmisch-metrischer Exaktheit in der Übersetzung –, läßt sich nie vollkommen lösen. Hier wurde ganz bewußt dem, was man leichthin als weniger wichtig, weil scheinbar äußerlich, ansieht – dem Takt und Klang –, der ihm gebührende Raum gegeben. Denn so kann der ganze Mensch und nicht nur sein Intellekt angesprochen werden. Daraus ergibt sich aber, auch bei großer Sorgfalt, zuweilen eine Art »Abbildungsunschärfe«. Dies erscheint mir aber schon deshalb legitim, weil Traherne bei der spirituellen Natur des zu Vermittelnden selbst häufig so formuliert, daß auch englische Leser einige Eigenarbeit leisten müssen, wobei der Natur der Sache nach auch immer etwas offenbleibt. Den notwendigen Wortkürzungen, besonders bei deutschen Pluralformen, mag man die zahlreichen Auslassungen des ebenfalls oft nicht ganz glatten englischen Originals gegenüberstellen.

»Metrikzwängen« habe ich nur insoweit nachgegeben, als dabei zugleich der ungekünstelte Gesamteindruck erhalten und der Sinn, allenfalls etwas herabgedämpft, bewahrt werden konnte. So wurde z. B. aus dem dreisilbigen Wort »excellence« nicht das viersilbige, passende »Vorzüglichkeit«, sondern einmal »Vorzug«, ein andermal »Witz«, oder an anderer Stelle aus »little« nicht »wenig«, sondern »kaum«.

Wo Traherne einen nicht ganz reinen Reim schrieb, habe ich nicht versucht, einen höherwertigen zu finden, wenn das sehr schwierig war.

Die übersetzten Gedichte entstammen sowohl der von Bertram Dobell herausgegebenen Sammlung von Originalgedichten (»The Salutation«, »Wonder«, »The Preparative«, »Thoughts III«, »Nature«) wie auch der Sammlung jener von Trahernes Bruder Philip veränderten Gedichte »Poems of Felicity« (»The Author to the Critical Peruser«, »The Return«, »Solitude«, »Dreams«, »Hosanna«). Das Gedicht »On News« findet sich im dritten der »Centuries of Meditations«.

Die Philologen sind sich heute wohl, nach reiflichem Vergleich der in zwei Fassungen aufgefundenen Gedichte, darüber einig, daß die von Philip vorgenommenen Änderungen durchweg unglücklich sind. Bei diesen Gedichten muß also mit Bedeutungsänderungen und -abschwächungen gerechnet werden, was der Freude an ihnen aber keinen Abbruch tut. Vielleicht wird hier einmal ein Fund der noch verschollenen Gedichte – Philip notierte von einigen solchen die Titel – die richtigen Korrekturen erlauben. Auf einen derartigen Fund läßt sich hoffen, weil man weiß, daß Philip noch einen weiteren Gedichtband geplant hatte.

Zwar hatte sich die angelsächsische Literaturwissenschaft des neu erstandenen Dichters Traherne mit Eifer angenommen. Doch, obwohl schon 1958 H. M. Margoliouth die in beiden Fassungen vorliegenden Gedichte in Gegenüberstellung veröffentlicht hatte, erkannte sie erst spät in der zweiten Jahrhunderthälfte, wie erheblich die Eingriffe des Bruders waren. Ernst Lehrs, der erstmals um 1950 in seinem Buch »Man or Matter«[1] auf den Rang der Kindheitserlebnisse Trahernes und auf seine theologisch-philosophische Bedeutung verwies, sah daher auch noch nicht das ganze Ausmaß der Abweichungen zwischen den Gedichten der originalen Dobell-Sammlung und jenen von Philip geänderten und als »Poems of Felicity« zusammengestellten Gedichten.

Die zahlreichen Interpunktions- und Auslassungszeichen, wie sie der schwungvoll und impulsiv schreibende Traherne liebte, sind schon in den mir vorliegenden Ausgaben vermindert worden. Und auch in meinen Übersetzungen wurde hier modernisiert.

Zwölf der Gedichte Trahernes habe ich bisher übersetzt.[2] Freilich sollten es besser alle sein, doch hoffe ich sehr, durch die hier getroffene Auswahl, die Eigenart des Dichters und die Schönheit seiner Poesie nahebringen zu können und daß beim Lesen, im Sinne des Autors, die Freude vorherrscht. Die Auswahl erfolgte nach poetischer Qualität und spirituellem Gehalt der

Gedichte. Damit werden zugleich auch jene Gedichte vorgestellt, die für die innere Biographie des Dichters besonders bedeutsam sind.

Als Beispiel für die eindringlichen und intimen meditativen Anweisungen des Autors an die Adressatin Susanna Hopton und wohl auch den Kreis um sie, wie als Beispiel für den Reichtum seiner Prosa wurde das erste »Century« – eines jener hundert Kurzkapitel aufweisenden Meditationsbücher – in der Auswahl von Alan Bradford[3] übersetzt. Die ersten beiden jener Kurzkapitel werden im englischen Original den Übersetzungen gegenübergestellt. Sie sind, wie die englischen Zitate im Anhang zur Ernst Lehrs' Essay, als Kostprobe gedacht. Aus dem dritten, mehr biographischen dieser Hundertstücke zitiert Ernst Lehrs die biographisch einschlägigen Stellen. Übersetzungen aus dem zweiten, vierten und dem kurzen fünften Century müssen im hier gegebenen Rahmen zurückstehen. Freilich können gerade die schönen Gedanken über das Wesen der göttlichen und menschlichen Liebe im zweiten, über jenen Imperativ »Liebt das Böse gut« (Christian Morgenstern) im vierten sowie der tiefe Ansatz im »mystischsten und spekultivisten« (Alan Bradford) fünften als Zeitgeist-Remedia erscheinen.

Mein Beitrag »Freudige Begeisterung«, der erstmals im Heft 3/92 der Zeitschrift »Die Christengemeinschaft« erschien, wurde ganz umgeschrieben, da ich bei der ersten Niederschrift Ernst Lehrs' Essay noch nicht kannte und weil die von Traherne gesäte Pflanze immer neu austreibt, wenn aus der Geisteswissenschaft neues Licht auf sie fällt.

Gerhard Döring

Thomas Traherne

Gedichte

The Author to the Critical Peruser

The naked truth in many faces shown,
Whose inward beauties very few have known,
A simple light, transparent words, a strain
That lowly creeps, yet maketh mountains plain,
Brings down the highest mysteries to sense
And keeps them there; that is our excellence:
At that we aim; to th'end thy soul might see
With open eyes thy great felicity,
Its objects view, and trace the glorious way
Whereby thou may'st thy highest bliss enjoy.

No curling metaphors that gild the sense,
Nor pictures here, nor painted eloquence;
No florid streams of superficial gems,
But real crowns and thrones and diadems!
That gold on gold should hiding shining lie
May well be reckon'd baser heraldry.

An easy style drawn from a native vein,
A clearer stream than that which poets feign,
Whose bottom may, how deep soe'er, be seen,
Is that which I think fit to win esteem.
Else we could speak Zamzummim words, and tell
A tale in tongues that sound like Babel-hell;
In meteors speak, in blazing prodigies,
Things that amaze, but will not make us wise.

On shining banks we could nigh Tagus walk;
In flowery meads of rich Pactolus talk;
Bring in the druids, and the sybils view;
See what the rites are which the Indians do;
Derive along the channel of our quill
The streams that flow from high Parnassus hill;
Ransack all nature's rooms, and add the things

Der Autor an den kritisch prüfenden Leser

Die Wahrheit, nackt, oft in Gesichtern steht,
Kaum jemand deren innre Zier erspäht,
Ein Licht schlechthin, Klarworte, Druck, der sacht
Hinkriecht und dennoch Berge eben macht,
Bringt nieder – unser Vorzug – vor den Sinn
Höchste Mysterien und bewahrt sie drin.
Dies unser Ziel, wo deine Seele dann
Einst offnen Augs dein Glück ansehen kann,
Ihr Gut erschaun, aufspürn den Königspfad,
Wobei wohl gar die höchste Wonne naht.

Nicht durch Metaphern kraus den Sinn verziert,
Hier gibt's nicht Bildchen, Eloquenz lackiert,
Wo, statt Karfunkelströmen blumig-seicht,
Man echte Stirnreif', Kronen, Throne reicht!
Daß Gold an Gold glänz', sich verdeckend schier,
Das gelt' zu Recht als mindre Wappenzier.

Ein Stil, landläufig, leicht, der klarer fließt,
Als was fürwahr von Dichtern sich ergießt,
Ein Strom, des Grund, wie tief er sei, man schaut,
Ich schaff ihn, denk ich, daß man mir vertraut:
Ich könnt auch Samsummiter-Worte irr
Hersagen, Höllen-Babels Sprachgewirr:
Sternschnuppen streuen, feuern Wunderpracht,
Zeug das verblüfft, jedoch nicht weise macht.

Am hellen Tagus-Strand wir könnten ziehn
Und plaudern, wo Pactolus' Auen blühn,
Einbringen Druiden und Sibyllen auch,
Von Kulten sprechen, Indianerbrauch,
Verwandelnd so der Feder Rinnsal, daß
Zum Strom es wird, hoch fließend vom Parnaß;
Naturas Kammern plündern, bis erbracht,

Which Persian courts enrich: to make us kings.
To make us kings indeed! Not verbal ones,
But real kings, exalted unto thrones;
And more than golden thrones! 'Tis this I do.
Letting poetic strains and shadows go.

I cannot imitate their vulgar sense
Who clothes admire, not the man they fence
Against the cold; and while they wonder at
His rings, his precious stones, his gold and plate
The middle piece, his body and his mind,
They overlook; no beauty in them find:
God's works they hide, their own they magnify,
His they contemn, or careless pass them by.

Their woven silks and well-made suits they prize,
Value their gems, but not their useful eyes,
Their precious hands, their tongues and lips divine,
Their polished flesh where whitest lilies join
With blushing roses and with sapphire veins,
The bones, the joints, and that which else remains
Within that curious fabric, life and strength,
I'th' well-compacted breadth and depth and length
Of various limbs, that living engines be
Of glorious worth; God's work they will not see:
Nor yet the soul, in whose concealed face,
Which comprehendeth all unbounded space,
God may be seen; tho she can understand
The length of ages and the tracts of land
That from the zodiac do extended lie
Unto the poles, and view eternity.

Even thus do idle fancies, toys, and words
(Like gilded scabbards hiding rusty swords)
Take vulgar souls, who gaze on rich attire
But God's diviner works do ne'er admire.

Was Persiens Hof ziert, uns zu Kön'gen macht.
Zu Kön'gen wirklich, das ist kein Gered,
Auf Throne echt als Könige erhöht
Und mehr als goldne Throne! Dies mein Tun
Scheucht Lyrikzwänge weg und Schatten nun.

Nicht folg ich jener Leut gemeiner Art,
Die Kleidung rühmt, nicht den, den sie bewahrt
Vor Kälte; die, indem sie staunen stier
Ob dessen Ring', Juwelen, Gold, Geschirr,
Das Kernstück, dessen Seele, übergehn,
Samt seinem Leib und dran nichts Schönes sehn.
Sie kränken Gottes Werk, spiel'n ihres hoch,
Seins schmähend oder nicht beachtend doch.

Ihr Seidenstoff, ihr Kleid sei ein Gedicht,
Sie preisen Schmuck, ihr nützlich Auge nicht:
Nicht Hände, Zungen, Lippen, göttlich reich,
Ihr blankes Fleisch, wo Weiß, den Lilien gleich,
Sich eint mit Rosen, Adern wie Saphir;
Auch Knochen, Sehnen und was sonst noch hier
In diesem Wunderbau, so Leben, Kraft,
In Länge, Breite, Tiefe, meisterhaft
Bemeßner Glieder, lebend Werkzeug zwar,
Höchst kostbar Gotteswerk, man nimmt's nicht wahr,
Noch gar die Seel, deren Gesicht, verhüllt,
Umfassend das endlose All erfüllt,
Gott spiegeln kann; obgleich sie auch erkennt
Den Zeitengang und was an Land sich dehnt
Hin zu den Polen unterm Tierkreis weit –
Und so betrachten kann die Ewigkeit.

So nehmen eitle Spiele, Worte, Ding
(Vergoldet Leder birgt die rost'ge Kling)
Kleingeister ein, verehrend Kleiderpracht,
Doch nie, was Gott mehr göttlich hat gemacht.

The Salutation

These little limbs,
These eyes and hands which here I find,
These rosy cheeks wherewith my life begins,
Where have ye been? Behind
What curtain were ye from me hid so long!
Where was, in what abyss, my speaking tongue?

When silent I,
So many thousand thousand years,
Beneath the dust did in a chaos lie,
How could I smiles or tears,
Or lips or hands or eyes or ears perceive?
Welcome, ye treasures which I now receive.

I that so long
Was nothing from eternity,
Did little think such joys as ear or tongue,
To celebrate or see:
Such sounds to hear, such hands to feel, such feet,
Beneath the skies, on such a ground to meet.

New burnish'd joys!
Which yellow gold and pearl excel!
Such sacred treasures are the limbs in boys,
In which a soul doth dwell;
Their organized joints, and azure veins
More wealth include, than all the world contains.

From dust I rise,
And out of nothing now awake,
These brighter regions which salute mine eyes,
A gift from God I take.

Die Begrüßung

Die Glieder zart,
Die Augen, Händ, die ich vereint
Hier find, die Wänglein rot, zur Lebensfahrt,
Wo wart ihr denn? Mir scheint,
Ein Vorhang war, der lang mich von euch schied!
Lagst du im Abgrund, Zunge, sprechend Glied?

Als Jahr und Tag
Ich schweigend, tausend, tausend Jahr
Tief unter Staub in einem Chaos lag,
Wie, daß ich dort erfahr'
Von Tränen, Lächeln, Lippen, Aug, Hand, Ohr?
Willkommen, Schätze, die ich hier find vor!

Ich, der ehvor
Ein Nichts war seit der Welt Entstehn,
Kaum dacht ich solchen Glücks wie Zunge, Ohr
Zu feiern und zu sehn,
Zu hören Töne, fühlen Fuß und Hand,
Die unter Himmeln erdenwärts ich fand.

Neu-Freudenglanz,
Der Perlen, gelbes Gold entthront!
Heilig die Glieder kindlichen Gewands,
Drin eine Seele wohnt;
Gelenke, sinnig, Äderchen so blau
Sind mehr wert als der ganze Weltenbau.

Vom Staube heut
Erheb ich mich, vom Nichts erwacht,
Die hellre Sphäre, die mein Aug erfreut,
Hat Gott mir zugedacht.

The earth, the seas, the light, the day, the skies,
The sun and stars are mine; if those I prize.

Long time before
I in my mother's womb was born,
A God preparing did this glorious store,
The world, for me adorn.
Into this Eden so divine and fair,
So wide and bright, I come His son and heir.

A stranger here
Strange things doth meet, strange glories see;
Strange treasures lodg'd in this fair world appear;
Strange all, and new to me.
But that they mine should be, who nothing was,
That strangest is of all, yet brought to pass.

Das Licht, der Tag, die Himmel, Seen, Erd
Und Sonn und Stern sind mein, schätz ich sie wert.

        Lang, lange Zeit,
  Eh meiner Mutter Leib mich trug,
Solch stolze Gaben hielt ein Gott bereit,
      Der Welt, für mich, zum Schmuck.
In dieses Eden, gotterfüllt und fein,
So weit und licht, zieh ich als Erbe ein.

      Ein Fremdling hier
  Sieht fremde Dinge, fremden Glanz,
Die helle Welt zeigt fremder Schätze Zier,
      Mir neu und seltsam ganz.
Doch daß sie mein soll'n sein, der nichts war, das
Ist wohl das Seltsamste, und doch geschah's.

Wonder

How like an angel came I down!
    How bright are all things here!
When first among His works I did appear
    O how their glory me did crown!
The world resembled His eternity,
    In which my soul did walk;
And every thing that I did see,
    Did with me talk.

The skies in their magnificence,
    The lively, lovely air;
Oh how divine, how soft, how sweet, how fair!
    The stars did entertain my sense,
And all the works of God so bright and pure,
    So rich and great did seem,
As if they ever must endure,
    In my esteem.

A native health and innocence
    Within my bones did grow,
And while my God did all His glories show,
    I felt a vigour in my sense
That was all spirit. I within did flow
    With seas of life, like wine;
I nothing in the world did know,
    But 'twas divine.

Harsh ragged objects were conceal'd,
    Oppressions, tears, and cries,
Sins, griefs, complaints, dissensions, weeping eyes,
    Were hid; and only things reveal'd
Which heavenly spirits, and the angels prize.

Staunen

Wie kam herab ich engelgleich,
    Wie strahlt' hier jedes Ding,
Als ich in Seine Schöpfung erstmals ging,
    Wie krönte doch ihr Glanz mich reich!
Die Welt glich Seiner Ewigkeit. – Entzückt
    Schritt meine Seele hier,
    Und jedes Ding, das ich erblickt,
    Es sprach mit mir.

Der Firmamente hohe Zier,
    Die liebe Lebensluft,
Wie göttlich, weich und hell, voll süßem Duft!
    Die Sterne boten Kurzweil mir,
Und alles Gotteswerk so licht und klar,
    So groß und reich mir schien,
    Als sollt es stehen immerdar
    In meinem Sinn.

Ein Ur-Wohlsein, Unschuld erstand
    Mir tief im Knochenbau,
Und da mein Gott stellt' allen Glanz zur Schau,
    Voll Lebenskraft mein Sinn sich fand:
Die war nur Geist, ich war's, der darin floß,
    Wie Wein die Lebensflut;
    Die Welt, von der ich kenntnislos,
    War göttlich-gut.

Was grob und rauh, war ausgespart,
    Bedrängnis, Tränen, Streit,
Gram, Sünden, weinend Auge, Zwietracht, Leid
    Verdeckt – und das nur offenbart,
Was sel'ger Geister und der Engel Freud.

        The state of innocence
    And bliss, not trades and poverties,
          Did fill my sense.

  The streets were pav'd with golden stones,
      The boys and girls were mine.
Oh how did all their lovely faces shine!
    The sons of men were holy ones.
Joy, beauty, welfare did appear to me,
        And every thing which here I found,
    While like an angel I did see,
          Adorn'd the ground.

    Rich diamond and pearl and gold
        In every place was seen;
Rare splendours, yellow, blue, red, white and green,
    Mine eyes did everywhere behold,
Great wonders cloth'd with glory did appear,
        Amazement was my bliss.
    That and my wealth was everywhere:
          No joy to this!

    Curs'd and devis'd proprieties,
        With envy, avarice
And fraud, those fiends that spoil even Paradise,
    Fled from the splendour of mine eyes.
And so did hedges, ditches, limits, bounds.
        I dream'd not aught of those,
    But wander'd over all men's grounds,
          And found repose.

    Proprieties themselves were mine,
        And hedges ornaments;
Walls, boxes, coffers, and their rich contents
    Did not divide my joys, but shine.

Es füllten Unschuldsstand
Und Heil – nicht Not, nicht Regsamkeit –
Mich bis zum Rand.

Von Gold das Straßenpflaster war,
Die Kinder alle mein,
Wie strahlten die Gesichter lieb und fein!
Heilig der Menschensöhne Schar.
Wohl, Schönheit, Freude zeigten sich mir da,
Und jedes Ding, das ich erblickt,
Da ich mit Engelsaugen sah,
Die Erde schmückt'.

Gold, Perlen, reichen Diamant
Sah ringsum ich erglühn,
Erlesne Pracht in Gelb, Blau, Rot, Weiß, Grün,
Mein Augenpaar in allem fand.
Im Prachtkleid kamen Wunder viel zutag,
Mein Staunen, wonnereich,
In allem meinem Gut rings lag –
Nichts kommt dem gleich!

Verwünschtes Gut, Erb-Areal,
Betrug, Besitzgier, Neid,
Die Teufel, welche Eden selbst entweiht,
Floh'n hin vor meiner Augen Strahl;
Auch Gräben, Hecken, Grenzen, das verschwand,
Kam mir im Traum nicht zu,
Ich schritt ob aller Menschen Land
Und fand dort Ruh.

Die Gründe selbst, mein war'n sie ganz,
Die Hecken Ziergebild;
Und Mauern, Kisten, Kassen, reich gefüllt,
Nicht Teiler meiner Lust, nur Glanz.

Clothes, ribbons, jewels, laces, I esteem'd
    My joys by others worn;
  For me they all to wear them seem'd
    When I was born.

Gewänder, Putz, Juwelen schätzt ich hoch,
 — Mein Glück war rings verliehn —
Für mich trug man all dieses doch,
 Als ich erschien.

The Preparative

My body being dead, my limbs unknown;
        Before I skill'd to prize
        Those living stars mine eyes,
Before my tongue or cheeks were to me shown,
        Before I knew my hands were mine,
Or that my sinews did my members join,
        When neither nostril, foot, nor ear,
As yet was seen, or felt, or did appear;
        I was within
A house I knew not, newly cloth'd with skin.

Then was my soul my only all to me,
        A living endless eye,
        Just bounded with the sky,
Whose power, whose act, whose essence was to see.
        I was an inward sphere of light,
Or an interminable orb of sight,
        An endless and a living day,
A vital sun that round about did ray
        All life and sense,
A naked simple pure intelligence.

I then no thirst nor hunger did conceive,
        No dull necessity,
        No want was known to me;
Without disturbance then I did receive
        The fair ideas of all things,
And had the honey even without the stings.
        A meditating inward eye
Gazing at quiet did within me lie,
        And every thing
Delighted me that was their heavenly king.

Der Vorbereitungsstand

Mein Körper tot, die Glieder unbekannt,
      Eh ich konnt werten gar
      Mein Sternenaugenpaar,
Eh Zunge, Wangen – mir gezeigt – ich fand,
   Eh mir bewußt, mein sei die Hand
Und meine Sehnen meiner Glieder Band;
    Als weder Nasloch, Fuß, noch Ohr
Zu sehn, zu fühlen oder lagen vor,
        War – nie geschaut –
In einem Haus ich, neu umhüllt mit Haut.

Mein Einzig-Alles war die Seele da,
      Ein lebend Aug, endlos,
      Weit mehr als himmelgroß,
Des Wesen, Kraft und Tun war, daß es sah.
   Ich war ein innrer Ball von Licht,
Auch eine Sphäre unbegrenzter Sicht,
    Lebend'ger Tag, der unbegrenzt,
Und Sonne, die ringsum vital erglänzt'–
       Nur Sinn und Sein,
Ein einfacher Verstand, ganz nackt und rein.

Nicht Durst noch Hunger damals ich empfand;
     Von dumpfem Sachzwangs Pflicht
     Und Mangel wußt ich nicht;
Ganz ohne Störung wurden mir gesandt
    Der Dinge Inbegriffe wahr,
Und Honig floß mir, jedes Stachels bar.
   Ein meditierend Auge, starr
Und ruhevoll betrachtend in mir war;
      Mich freuten sehr
Die Dinge all: ich war ihr Himmelsherr.

For sight inherits beauty, hearing sounds,
        The nostril sweet perfumes,
        All tastes have hidden rooms
Within the tongue; and feeling feeling wounds
        With pleasure and delight, but I
Forgot the rest, and was all sight, or eye.
        Unbodied and devoid of care,
Just as in Heaven the holy angels are.
        For simple sense
Is lord of all created excellence.

Being thus prepar'd for all felicity,
        Not prepossess'd with dross,
        Nor stiffly glued to gross
And dull materials that might ruin me,
        Not fetter'd by an iron fate
With vain affections in my earthy state
        To anything that might seduce
My sense, or else bereave it of its use,
        I was as free
As if there were nor sin, nor misery.

Pure empty powers that did nothing loathe,
        Did like the fairest glass,
        Or spotless polish'd brass,
Themselves soon in their objects' image clothe.
        Divine impressions when they came,
Did quickly enter and my soul inflame.
        'Tis not the object, but the light
That maketh Heaven; 'tis a purer sight.
        Felicity
Appears to none but them that purely see.

Denn Sehen erntet Schönheit, Hören Klang,
    Die Nas den Duftakkord,
    Jeden Geschmackes Ort
Die Zunge birgt; ja, Fühlen fühlt den Drang
    Von Wunden selbst mit Lust; doch ich
War einzig Aug und Schau – der Rest entwich;
    War leibfrei, ohne Sorg und Weh,
Wie heil'ge Engel sind in Himmelshöh;
    Denn schlichter Sinn
Steht über allem Witz, von Gott verliehn.

Für die Glückseligkeit so vorgeziert,
    Nicht infiziert mit Tand,
    Ins Grobe nicht gebannt
In dumpfen Stoff, der mich wohl ruinier't,
    Nicht an ein ehern Los gezurrt,
Fixiert auf Eitles irdischer Geburt,
    Auf solch ein Ding, das Sinn und Haupt
Verführen kann, den Nutzen ihnen raubt,
    War ich so frei,
Als ob da weder Not noch Sünde sei.

Und reine Kräfte, zweckfrei, ohne Haß,
    Rasch hatten sich gehüllt
    In der Objekte Bild,
Wie Messing, hochpoliert und reinstes Glas;
    Wenn sich ein Hauch der Gottheit fand,
Der drang schnell ein und setzt' mein Herz in Brand.
    Nicht das Objekt ist's, nein, das Licht,
Das Himmel schafft, 's ist eine reinre Sicht!
    Glückselig Sein
Wird denen nur, die sehen – klar und rein.

A disentangled and a naked sense,
    A mind that's unpossess'd,
    A disengaged breast,
An empty and a quick intelligence
    Acquainted with the golden mean,
An even spirit pure and serene,
    Is that where beauty, excellence,
And pleasure keep their court of residence.
    My soul, retire,
Get free, and so thou shalt even all admire.

Ein unverstrickter Sinn, der nackt sich trägt,
  Die Seele unbelegt
  Und eine Brust, entregt,
Ein Intellekt, zwar flink, doch leergefegt,
  Dem goldne Mitte nah stets war,
Ein steter Geist, gelassen und sehr klar,
  Das ist's, wo Schönheit, Trefflichsein
Und Freude halten Hof; kehr in dich ein,
  Sei, Seele, frei,
Daß dir all dies Ziel der Bewundrung sei.

Solitude

How desolate!
Ah! how forlorn, how sadly did I stand
When in the field my woeful state
I felt! Not all the land,
Not all the skies,
Tho Heaven shin'd before mine eyes,
Could comfort yield in any field to me,
Nor could my mind contentment find or see.

Remov'd from town,
From people, churches, feasts, and holidays,
The sword of state, the mayor's gown,
And all the neighbouring boys;
As if no kings
On earth there were, or living things,
The silent skies salute mine eyes, the seas
My soul surround; no rest I found, or ease.

My roving mind
Search'd every corner of the spacious earth,
From sky to sky, if it could find
(But found not) any mirth:
Not all the coasts,
Nor all the great and glorious hosts,
In Heaven or earth, did comfort me afford;
I pin'd for hunger at a plenteous board.

I do believe,
The evening being shady and obscure,
The very silence did me grieve,
And sorrow more procure:
A secret want

Einsamkeit

Wie hoffnungslos!
Wie hilflos, ach, wie traurig ich da stand,
Auf einem Feld; mein Elend groß
Ich sah. Nicht von dem Land,
Von Himmeln nicht –
Obwohl so licht in meiner Sicht –
Kam Tröstung zart, gleich welcher Art, mir zu,
Nicht, daß ich da Erfüllung sah und Ruh.

Entfernt so weit
Von Stadtvolk, Kirchen, Feiern, Festesschall,
Von Staatsschwert, Bürgermeisterkleid,
Den Nachbarsbuben all;
Als ob die Welt
Nicht Kön'ge trüg, nichts, das beseelt.
Die Himmel stumm sah ich ringsum, die See
Mein Herz umwallt', nicht fand ich Halt, nur Weh.

Mein Sinn behend
Durchschweift' die Winkel dieser Erde weit,
Von End zu End, ob er nicht fänd
(Doch fand nicht), was ihn freut.
Kein Kontinent,
Nicht jene Heerschar überm Firmament,
Nicht Erd noch Himmel barg der Tröstung Strahl;
Ich härmt mich hungernd vor illustrem Mahl.

Mir scheint, es war
Der Abend damals schattig und bedeckt;
Die große Stille Gram gebar,
Noch mehr des Kummers weckt'.
Ein dunkler Harm

Did make me think my fortune scant.
I was so blind, I could not find my health,
No joy mine eye could there espy, nor wealth.

Nor could I guess
What kind of thing I long'd for: but that I
　　Did somewhat lack of blessedness,
　　　　Beside the earth and sky,
　　　　　I plainly found;
　　　It griev'd me much, I felt a wound
Perplex me sore; yet what my store should be
I did not know, nothing would show to me.

　　　　　Ye sullen things!
Ye dumb, ye silent creatures, and unkind!
　　How can I call you pleasant springs
　　　　Unless ye ease my mind!
　　　　　Will ye not speak
　　What 'tis I want, nor silence break?
O pity me, at least point out my joy:
Some kindness show to me, altho a boy.

　　　　　They silent stood;
Nor earth, nor woods, nor hills, nor brooks, nor skies,
　　Would tell me where the hidden good,
　　　　Which I did long for, lies:
　　　　　The shady trees,
　　　The evening dark, the humming bees,
The chirping birds, mute springs and fords, conspire,
To give no answer unto my desire.

　　　　Bells ringing I
Far off did hear, some country church they spake;
　　The noise re-echoing through the sky
　　　　My melancholy brake;

Zeigt' mir mein Los so dürftig-arm.
Ganz blind war ich, mein Wohlsein wich, mein Mut,
Kein frohes Ding mein Aug empfing, kein Gut.

Auch wußt ich kaum,
Welch Ding ich wünschte, doch es fehlt' derzeit,
In all dem Erd- und Himmelsraum,
Mir etwas Heiligkeit.
Das sah ich klar,
Es grämte mich, ein Wundsein war,
Das in mir bohrt', doch was mein Hort sollt sein,
Das ging mir ab – und niemand gab mir's ein.

Ihr Dinge stumm –
Unfreundliche Geschöpfe, stur Gebild!
Nenn ich euch reine Quellen drum,
Daß ihr mein Leid nicht stillt?
Ich bitt euch, sprecht!
Was such ich denn? Das Schweigen brecht!
Erbarmt euch mein, macht mir die kleine Freud,
Nur Knabe zwar, erweist mir Artigkeit!

Stumm standen sie.
Und Erde, Wälder, Sümpfe, Hügel – karg,
Verschwiegen, wo das Was und Wie,
Das ich ersehnt, sich barg.
Der Bäume Flor,
Der Abend trist, der Bienen Chor,
Der Vögel Heer, stumm Quell und Meer, verschworen
Mein Suchen wehrten mit versperrten Toren.

Da hörte ich
Ein Glockentönen, fern ein Kirchlein sprach;
Das Echo durch den Luftraum strich,
Mein Trauern fast zerbrach.

When't reach'd mine ear
Some tidings thence I hop'd to hear:
But not a bell me news could tell, or show
My longing mind, where joys to find, or know.

I griev'd the more,
'Cause I thereby somewhat encourag'd was
That I from those should learn my store;
For churches are a place
That nearer stand
Than any part of all the land
To Heaven; from whence some little sense I might
To help my mind receive, and find some light.

They louder sound
Than men do talk, something they should disclose;
The empty sound did therefore wound
Because not show repose.
It did revive
To think that men were there alive;
But had my soul, call'd by the toll, gone in,
I might have found, to ease my wound, a thing.

A little ease
Perhaps, but that might more molest my mind;
One flattering drop would more disease
My soul with thirst, and grind
My heart with grief:
For people can yield no relief
In public sort when in that court they shine,
Except they move my soul with love divine.

Th' external rite,
Altho the face be wondrous sweet and fair,
Will never sate my appetite

Ich hofft, mein Ohr
Könnt darin Botschaft finden vor.
Doch tönend Erz sprach nicht zum Herzen so,
Was mein gar sehr Ersehntes wär — und wo.

Nur um so mehr
Grämt mich's, als ich etwas ermutigt ward,
Daß dies mich meines Guts belehr',
Da es der Kirchen Art,
Daß näher stehn
Dem Himmel sie als Erdenhöhn,
Daß etwas Klarheit so erfahr' mein Sinn,
Von oben Sicht und etwas Licht gewinn'.

Was lauter tönt
Als Menschenmund, muß bringen Kunde doch;
Der Klang — so leer — mich nicht versöhnt',
Es schmerzt' die Wunde noch.
Doch bracht er nah
Zu denken, Menschen lebten da.
Wär meine Seel zur Glocke hell geeilt,
Sie hätt vielleicht ein Ding erreicht, das heilt.

Ein Trosteshauch,
Vielleicht, der irrer noch den Sinn mir macht',
Ein Tropfen, schmeichelnd, stärker auch
Der Seele Durst entfacht',
Das Herz mir kränkt',
Weil doch kein Mensch Erleichtrung schenkt
Von außen her, es sei denn er berühr'
Mit Liebe hell, von Gott, die Seele mir!

Dem äußren Gang
Des Ritus, wenn auch wundersüß und mild,
Den Durst zu stillen nie gelang,

No more than empty air
Yield solid food.
Must I the best and highest good
Seek to possess; or blessedness in vain
(Tho 'tis alive in some place) strive to gain?

O! what would I
Diseased, wanting, melancholy, give
To find what is felicity,
The place where bliss doth live?
Those regions fair
Which are not lodg'd in sea nor air,
Nor woods, nor fields, nor arbour yields, nor springs,
Nor heavens show to us below, nor kings.

I might have gone
Into the city, market, tavern, street,
Yet only change my station,
And strove in vain to meet
That ease of mind
Which all alone I long'd to find:
A common inn doth no such thing betray,
Nor doth it walk in people's talk, or play.

O Eden fair!
Where shall I seek the soul of holy joy
Since I to find it here despair;
Nor in the shining day,
Nor in the shade,
Nor in the field, nor in a trade
I can it see? Felicity! O where
Shall I thee find to ease my mind! O where!

Wie leere Luft nicht stillt
Des Hungers Wut.
Soll ich das höchste, beste Gut
Vergebens — oder Heil — erstreben so?
(Es lebt! Verbürgen kann ich's — irgendwo!)

Was gäb ich drum,
Ich, melancholisch, arm und voll Gebrest,
Zu wissen dies Mysterium
Und wo die Wonne west!
Die lichten Höhn,
In Lüften nicht behaust noch Seen,
Kein Wald sie trägt, kein Hain sie hegt, kein Feld,
Kein Himmel gar stellt sie uns dar, kein Held!

Und wär ich fort
Geeilt zu Schenke, Marktplatz, Stadt und Straß',
Ich hätt verändert nur den Ort,
Vergebens suchend, was
Den Sinn mir hebt
Und was allein ich angestrebt.
In Schenken findet solch ein Ding kein Ziel,
Noch ward es kund durch Volkes Mund und Spiel.

O Eden licht!
Wo ist der Seele heil'ger Freudenquell?
Hilft doch mein irres Suchen nicht,
Sei es bei Tag, so hell,
Wenn Dunkel fällt,
Sei's im Gefild, im Strom der Welt,
Nichts, weit und breit — o Seligkeit, ach, wo
Kommt zu dir hin, zur Ruh mein Sinn, ach, wo?

On News

News from a foreign country came,
As if my treasure and my wealth lay there:
So much it did my heart inflame!
'Twas wont to call my soul into mine ear.
Which thither went to meet
The approaching sweet;
And on the threshold stood,
To entertain the unknown good.
It hover'd there,
As if 'twould leave mine ear.
And was so eager to embrace
The joyful tidings as they came,
'Twould almost leave its dwelling place,
To entertain the same.

As if the tidings were the things,
My very joys themselves, my foreign treasure,
Or else did bear them on their wings:
With so much joy they came, with so much pleasure.
My soul stood at the gate
To recreate
Itself with bliss; and to
Be pleas'd with speed. A fuller view
It fain would take
Yet journeys back would make
Unto my heart: as if 'twould fain
Go out to meet, yet stay within
To fit a place, to entertain,
And bring the tidings in.

Über Neuigkeiten

Botschaft kam mir aus fremdem Land
Als sei mein Schatz, mein Reichtum dort verwahrt,
Und jählings war mein Herz entbrannt:
Zum Ohr hin rief's die Seel nach seiner Art
    Hinüber, daß sie grüß',
      Was naht' so süß;
    Die an der Schwelle stand,
Zu freun des Horts sich unbekannt.
    Da schwebte sie,
    Es schien, daß sie entflieh',
Um zu umarmen inniglich
Die Neuigkeiten, die sich nahn,
Fast ihrer Wohnstatt sie entwich,
    Zu freuen sich daran.

Als wär die Botschaft selbst Substanz,
Kern meiner Freuden selbst, mein fremd Vermögen
    Und trüg auf Schwingen diesen Glanz,
So voll von Freude kam sie, so voll Segen.
    Am Tor die Seele stund,
      Daß sie gesund
    Sich trink' an Seligkeit
Recht bald. So gerne tät sie weit
    Die Augen auf,
      Nähm' auch zurück den Lauf,
Ins Herz hinein, als wollt zugleich
Sie fortziehn und doch innen sein,
Den Ort bereiten, freudenreich
    Die Botschaft bringen ein.

What sacred instinct did inspire
My soul in childhood with a hope so strong?
What secret force mov'd my desire,
To expect my joys beyond the seas, so young?
Felicity I knew
Was out of view:
And being here alone,
I saw that happiness was gone
From me! for this,
I thirsted absent bliss,
And thought that sure beyond the seas,
Or else in something near at hand
I knew not yet (since nought did please
I knew) my bliss did stand.

But little did the infant dream
That all the treasures of the world were by:
And that himself was so the cream
And crown of all, which round about did lie.
Yet thus it was. The gem,
The diadem,
The ring enclosing all
That stood upon this earthy ball;
The heavenly eye,
Much wider than the sky,
Wherein they all included were,
The glorious soul that was the king
Made to possess them, did appear
A small and little thing!

Welch hoher Trieb mir wohl bewegte
Die Kindesseele so mit Hoffnungsschwung?
　Welch unbekannte Kraft den Wunsch erregte,
Mein Glück erwarten über See, so jung?
　　Wohl wissend, Seligkeit
　　　Von mir läg' weit;
　　Daß ich allein hier war
　Und aller Glücksempfindung bar,
　　　Wußt ich; daher
　　Nach Wonne dürstend sehr,
Dacht ich, gewiß im fremden Land,
Nein, irgendwo ganz nahebei
(Nichts freut' mich recht, das mir bekannt)
　Das mir Verheißne sei.

Dem Kindheitstraume lag wohl fern,
Daß alle Schätze so voll Nichtigkeit
　Und daß im eignen Selbst der Kern,
Die Krone dessen, was rings ausgestreut.
　　Und doch: Der Edelstein,
　　　Der Stirnreif rein,
　　Der Ring, umfassend all
　Die Dinge auf dem Erdenball,
　　　Das Aug, das oben thront,
　　Sprengend den Horizont,
Drin alles lag; und die voll Pracht,
Die Seele, königliches Sein,
Der dies zu eigen war gemacht,
　　Wie schien sie schwach und klein.

The Return

To infancy, O Lord, again I come,
    That I my manhood may improve:
    My early tutor is the womb;
        I still my cradle love.
    'Tis strange that I should wisest be,
    When least I could an error see.

Till I gain strength against temptation, I
    Perceive it safest to abide
    An infant still; and therefore fly
        (A lowly state may hide
    A man from danger) to the womb,
    That I may yet new-born become.

My God, Thy bounty then did ravish me!
    Before I learned to be poor,
    I always did Thy riches see,
        And thankfully adore:
    Thy glory and Thy goodness were
    My sweet companions all the year.

Die Wiederkehr

Zurück zur Kindheit kehr ich nun, o Christ,
    Zu adeln mein Erwachsensein:
    Der Mutterleib mein Lehrer ist,
        Ich lieb die Wiege mein.
    Seltsam: Ich wär höchst weise dann,
    Wenn Trug ich nicht durchschauen kann.

Bis ich ob der Versuchung Kraft gewinn
    Dünkt sichrer mir, daß ich verharr
    Im Kindesstand; drum flieg ich hin
        Zur Mutter (vor Gefahr
    Birgt wohl so niedrer Stand den Mann),
    Daß neu geborn ich werden kann.

Mein Gott, dein Großmut überkam mich da,
    Eh daß ich arm zu sein erfuhr;
    Ringsum ich deinen Reichtum sah,
        Voll Dank anbetend nur:
    Dein Glanz, so voller Güte, war
    Mein süß Geleit das ganze Jahr.

Nature

That custom is a second nature, we
Most plainly find by nature's purity.
For nature teacheth nothing but the truth.
I'm sure mine did in my virgin youth.
The very day my spirit did inspire,
The world's fair beauty set my soul on fire.
My senses were informers to my heart,
The conduits of His glory, power, and art.
His greatness, wisdom, goodness I did see,
His glorious love, and His eternity,
Almost as soon as born: and every sense
Was in me like to some intelligence.
I was by nature prone and apt to love
All light and beauty, both in Heaven above,
And earth beneath, prone even to admire,
Adore and praise as well as to desire.
My inclinations rais'd me up on high,
And guided me to all infinity.
A secret self I had enclos'd within,
That was not bounded with my clothes or skin,
Or terminated with my sight, the sphere
Of which was bounded with the heavens here:
But that did rather, like the subtle light,
Secur'd from rough and raging storms by night,
Break through the lantern's sides, and freely ray
Dispersing and dilating every way:
Whose steady beams too subtle for the wind,
Are such, that we their bounds can scarcely find.
It did encompass, and possess rare things,
But yet felt more, and on its angel's wings
Pierc'd through the skies immediately, and sought
For all that could beyond all worlds be thought.
It did not move, nor one way go, but stood,

Natur

Nenn Zweitnatur die Art, die uns verleiht
Natura schlicht durch ihre Lauterkeit.
Denn sie lehrt nichts als Wahrheit; meine, die
Tat's ganz gewiß in meiner ersten Früh!
Ein Tag war, da die Seele mir entfacht,
Begeistet von der hellen Erde Pracht.
Die Sinne waren mir Herz-Botenschaft,
Kanäle Seiner Glorie, Kunst und Kraft.
Ich sah die Größe, Weisheit, Güte Sein,
Sein Ewiges, Sein Lieben ungemein
Fast gleich nach der Geburt; und jeder Sinn
In mir wie eine Art von Einsicht schien,
Zu lieben war ich von Natur geneigt,
Was Helles, Schönes sich im Himmel zeigt
Und erdenwärts; begierig zu verehrn,
Zu preisen und bewundern, auch begehrn.
Mein solches Drängen trug mich hoch und weit:
Leitstern zu jeglicher Unendlichkeit.
Ein heimlich Selbst war eingeschreint in mir,
Das nicht begrenzt durch Hemd und Haut war hier,
War auch nicht mit des Blickfelds Rund zu End,
Dem ringsum Schranken setzt' das Firmament:
Vielmehr erstrahlt' es, wie das zarte Licht
Geschützt vor Sturm und Wetter nächtens bricht
Frei leuchtend seitlich durchs Laternenhaus,
Sich rings verstreut und allwegs breitet aus,
Des stete Strahlen selbst zu fein dem Wind,
Man weiß es kaum, wo sie zu Ende sind.
Dies Selbst umschloß und barg viel seltne Ding',
Ihm war's nach mehr, und wie auf Engelsschwing'
Das Firmament durchstieß es, suchend sehr,
Was hinter allen Welten denkbar wär;
Selbst unbeweglich, richtungslos, es ruht',

And by dilating of itself, all good
It strove to see, as if 'twere present there,
Even while it present stood conversing here;
And more suggested than I could discern,
Or ever since by any means could learn.
Vast unaffected wonderful desires,
Like inward, native, uncaus'd, hidden fires,
Sprang up with expectations very strange,
Which into new desires did quickly change.
For all I saw beyond the azure round,
Was endless darkness with no beauty crown'd.
Why beauty should not there, as well as here,
Why goodness should not likewise there appear,
Why treasures and delights should bounded be,
Since there is such a wide infinity:
These were the doubts and troubles of my soul,
By which I do perceive without control,
A world of endless joys by nature made,
That needs must flourish ever, never fade.
A wide, magnificent, and spacious sky,
So rich 'tis worthy of the Deity,
Clouds here and there like winged chariots flying,
Flowers ever flourishing, yet always dying,
A day of glory where I all things see,
As 'twere enrich'd with beams of light for me,
And drown'd in glorious rays of purer light,
Succeeded with a black, yet glorious night,
Stars sweetly shedding to my pleased sense,
On all things their nocturnal influence,
With secret rooms in times and ages more
Past and to come enlarging my great store:
These all in order present unto me
My happy eyes did in a moment see
With wonders thereto, to my soul unknown,
Till they by men and reading first were shown.

Und durch Ausweitung seiner selbst, all Gut
Erstrebt's zu sehn, als wär es selber dort,
Wo es doch just erkundend blieb am Ort
Und mehr einbrachte, als ich ward gewahr
Und irgend mir seither erlernbar war.
Spontane Wünsche, herrlich, weitgesteckt,
Wie innre Feuer, ursachlos, verdeckt,
Aufsprangen sie, Erwartung seltsam sproß,
Die rasch sich um in neue Wünsche goß.
Denn jenseits des Azurs ringsum ich sah
Endloses Dunkel ohne Schönheit da.
Wie? Sollte dort nicht Schönheit sein wie hier,
Nicht Gutes wie im irdischen Revier?
Warum dort Lust und Schätze ausgespart,
Wo doch so viel Unendlichkeit dort harrt?
Das brachte Zweifel meiner Seel und Not,
Die zwangslos stets doch eine Welt mir bot
Naturerzeugter Freuden, ungezählt;
Solch ein Bedarf stets blühn muß, ungeschmält.
Ein großer, weiter Himmel, wunderbar,
So reich, der Gottheit würdiger Altar,
Wo Wolken hier und dort beflügelt wehen
Und Blumen ewig blühen und vergehen,
Ein Tag des Ruhms, da alle Ding' ich seh
Wie für mich angestrahlt mit Glorie;
Ertränkt in Strahl und Licht von reinrer Pracht,
Gefolgt von schwarzer, doch verklärter Nacht,
Wo Sterne süß, zu meiner Sinne Freud,
Auf alles streuen dunkle Wirksamkeit.
Geheime Räume in Äonen dort,
Uralt und künftig, Zuwachs meinem Hort.
All dieses, wohlgesetzt präsent mir da,
In einem Nu mein glücklich Auge sah,
Voll Wundern, meiner Seele fremd anher,
Bis sie mir neu gebracht durch Schrift und Lehr.

All which were made that I might ever be
With some great workman, some great Deity.
But yet there were new rooms, and spaces more,
Beyond all these, new regions o'er and o'er,
Into all which my pent-up soul like fire
Did break, surmounting all I here admire.
The spases fill'd were like a cabinet
Of joys before me most distinctly set:
The empty, like to large and vacant room
For fancy to enlarge in, and presume
A space for more, remov'd, but yet adorning
These near at hand, that pleas'd me every morning.
Here I was seated to behold new things,
In the fair fabric of the King of Kings.
All, all was mine. The fountain tho not known,
Yet that there must be one was plainly shown.
Which fountain of delights must needs be Love,
As all the goodness of the things did prove.
It shines upon me from the highest skies,
And all its creatures for my sake doth prize,
Of whose enjoyment I am made the end:
While how the same is so I comprehend.

Geschaffen all, daß ich stets nahe bei
Solch großem Meister, nah einer Gottheit sei.
Doch noch und noch gab's Räume, endlos weit,
Jenseits davon, Regionen lang und breit,
Drein meine Seel, gestaut, brach wie ein Brand
(Wie schal, was ich bewundre hierzuland).
Die Räume war'n, wie man Museen kennt,
Für micht bestückt mit Freuden, klar getrennt.
Das ries'ge All, leer, gleichsam unbemannt,
Im Spiel zu weiten, wobei eingeplant
Raum noch für mehr, geräumt, doch dies zu schmücken
Nahbei, war jeden Morgen mein Entzücken.
Hier war mein Sitz, daß neue Ding' ich seh
Im Haus des Königs aller Könige.
All — alles mein; der Quell zwar unbekannt,
Doch daß da einer war, lag auf der Hand.
Daß dieser Freudenquell die Liebe war,
Ward durch der Dinge Gutheit offenbar.
Sie strahlt von Himmelshöhn auf mich her nur,
Um meinetwillen jauchzt die Kreatur,
Als deren Freuden End gemacht ich bin;
Derweil, wie dies geschieht, begreift mein Sinn.

Dreams

'Tis strange! I saw the skies;
I saw the hills before mine eyes;
    The sparrow fly;
The lands that did about me lie;
The real sun, that heavenly eye!
Can closed eyes even in the darkest night
See through their lids, and be inform'd with sight?

The people were to me
As true as those by day I see;
    As true the air,
The earth as sweet, as fresh, as fair
As that which did by day repair
Unto my waking sense! Can all the sky,
Can all the world, within my brain-pan lie?

What sacred secret's this,
Which seems to intimate my bliss?
    What is there in
The narrow confines of my skin,
That is alive and feels within
When I am dead? Can magnitude possess
An active memory, yet not be less?

May all that I can see
Awake, by night within me be?
    My childhood knew
No difference, but all was true,
As real all as what I view;
The world itself was there. 'Twas wondrous strange,
That Heaven and earth should so their place exchange.

Träume

Seltsam: Ich sah die Höhn
Und sah den Himmel vor mir stehn,
Des Sperlings Flug,
Die Gegend ringsum, Zug um Zug,
Der Sonne Himmelsaug, kein Trug!
Wie wird geschloßnen Augs, in finstrer Nacht
Durch Lider, all dies zu Gesicht gebracht?

Ganz wirklich für mich war,
So wie am Tag, der Menschen Schar,
Die Luft real,
So süß und frisch und hell das Tal,
Ganz wie dies strömt im Sonnenstrahl
Zum wachen Sinn! Wie kommt's, daß alle Welt
Und Himmel meines Hirnes Schale hält?

Welch heilig Rätsel, schier
Andeutend meine Wonne mir?
Was steckt, welch Art
In meiner Haut, dem Kerker zart,
Das lebt und fühlt, wenn ich erstarrt
Und tot bin. Eignet so erhabnem Sein
Ein frisch Gedächtnis – und es büßt nichts ein?

Kann denn mein Augenschein
Vom wachen Tag nachts in mir sein?
Als Kind einst gar
War all dies wirklich und so wahr
Wie das, was sehend sich stellt' dar;
Dies war die Welt selbst. Eigen rührt' mich an,
Vertauscht zu sehn so Erd- und Himmelsplan.

Till that which vulgar sense
Doth falsely call experience,
Distinguish'd things:
The ribbons, and the gaudy wings
Of birds, the virtues, and the sins,
That represented were in dreams by night
As really my senses did delight,

Or grieve, as those I saw
By day: things terrible did awe
My soul with fear;
The apparitions seem'd as near
As things could be, and things they were.
Yet were they all by fancy in me wrought,
And all their being founded in a thought.

O what a thing is thought!
Which seems a dream; yea, seemeth nought,
Yet doth the mind
Affect as much as what we find
Most near and true! Sure men are blind,
And can't the forcible reality
Of things that secret are within them see.

Thought! Surely thoughts are true,
They please as much as things can do:
Nay, things are dead,
And in themselves are severed
From souls; nor can they fill the head
Without our thoughts. Thoughts are the real things
From whence all joy, from whence all sorrow springs.

Bis Dinge, klar getrennt,
Durch, was man platt Erfahrung nennt,
Falsch insoweit,
Bis Bändchen, buntes Vogelkleid,
Bis Tugenden, Sündhaftigkeit,
Die nachts präsent in Träumen allzumal
Den Sinn erfreuten, nunmehr auch real.

Auch Gram, tags miterlebt,
Manch Ding, wovor in Furcht erbebt'
Die Seele da;
Erscheinungen, gewähnt ganz nah,
Wie Dinge, solche war'n sie ja;
Sie all in mir bewirkt nach Laune und
Nur ein Gedanke ihres Daseins Grund.

Gedanke – welch ein Ding!
Ein Traum scheint's fast, ein Nichts, gering,
Das doch den Geist
Erregt wie anderes, was meist
Hautnah und echt! Was schlicht beweist:
Für Fakten, zwingende, der Mensch ist blind
Bei Dingen, die geheim tief in ihm sind.

Gedanken – sind ganz wahr,
Erfreun uns oft wie Dinge gar:
Nein, Ding' sind tot,
In sich verstockt, stehn zu Gebot
Der Seel nicht, sind auch nicht im Kopf
Denn durch Gedanken; der ist un-bedingt
Real: Das Ding, das Gram wie Freude bringt.

Thoughts

Thoughts are the angels which we send abroad,
To visit all the parts of God's abode.
Thoughts are the things wherein we all confess
The quintessence of sin and holiness
Is laid. All wisdom in a thought doth shine,
By thoughts alone the soul is made divine.
Thoughts are the springs of all our actions here
On earth, tho they themselves do not appear.
They are the springs of beauty, order, peace,
The cities' gallantries, the fields' increase.
Rule, government, and kingdoms flow from them,
And so doth all the new Jerusalem.
At least the glory, splendour, and delight,
For 'tis by thoughts that even she is bright.
Thoughts are the things wherewith even God is crown'd,
And as the soul without them's useless found,
So are all other creatures too. A thought
Is even the very cream of all He wrought.
All holy fear, and love, and reverence,
With honour, joy, and praise, as well as sense,
Are hidden in our thoughts. Thoughts are the things
That us affect: the honey and the stings
Of all that is, are seated in a thougth,
Even while it seemeth weak, and next to nought.
The matter of all pleasure, virtue, worth,
Grief, anger, hate, revenge, which words set forth,
Are thoughts alone. Thoughts are the highest things,
The very offspring of the King of Kings.
Thoughts are a kind of strange celestial creature,
That when they're good, they're such in every feature,
They bear the image of their Father's face,
And beautify even all His dwelling place:
So nimble and volatile, unconfin'd,

Gedanken

Gedanken senden wir wie Engel aus,
Zu sehen alle Teil' von Gottes Haus.
In ihnen liegt, wir alle sehn es ein,
Die Quintessenz von Sünd und Heiligsein.
Die Weisheit all glänzt im Gedanken lind,
Er macht allein, daß Seelen göttlich sind.
Gedanken sind der Quell all unsres Tuns
Auf Erden, selbst zwar nicht erscheinend uns.
Draus quellen Schönheit, Ordnung, Friedensmacht,
Der Städte Lebensart, der Felder Tracht,
Bann, Herrschaft, Königreich' aus eben dem,
Wie gänzlich auch das neu Jerusalem;
Entzücken mindestens und Pracht und Ruhm:
Gedanken nur erhell'n dies Heiligtum.
Gedanken bilden Gottes Thron fürwahr,
Und wie ohn' sie die Seele Nutzens bar,
Sind's die Geschöpfe auch. Gedankens Art
Ist just die Creme des, was geschaffen ward.
All unsre Ehrfurcht, Liebe, Furcht vor Gott,
Was uns an Freud, Ehr, Preis steht zu Gebot,
Birgt in Gedanken sich; sie sind der Sporn,
Der uns bewegt: Nektar sowohl als Dorn
All des, was ist, sind im Gedanken wach,
Obgleich er fast ein Nichts uns scheint und schwach.
Stoff für all das, was Lust, Wert, Tugend sei,
Gram, Zorn, Haß, Groll, was Worte setzen frei,
Gedanken sind's. Die höchsten Ding sie sind,
Des Königs aller Kön'ge wahres Kind.
Solch fremde Art von Himmelskreaturen,
Daß, wenn sie gut, sind sie's in allen Spuren,
Abbild von ihres Vaters Zügen ganz,
Verschönernd Seinen Wohnsitz selbst mit Glanz:
So flink und flüchtig, unbeschränkt und groß,

Illimited, to which no form's assign'd,
So changeable, capacious, easy, free,
That what itself doth please a thought may be.
From nothing to infinity it turns,
Even in a moment: now like fire it burns,
Now's frozen ice: now shapes the glorious sun,
Now darkness in a moment doth become,
Now all at once: now crowded in a sand,
Now fills the hemisphere, and sees a land:
Now on a sudden's wider than the sky,
And now runs parile with the Deity.
'Tis such, that it may all or nothing be.
And's made so active, voluble, and free
Because 'tis capable of all that's good,
And is the end of all when unterstood.
A thought can clothe itself with all the treasures
Of God, and be the greatest of His pleasures.
It all His laws, and glorious works, and ways,
And attributes, and counsels; all His praise
It can conceive, and imitate, and give:
It is the only being that doth live.
'Tis capable of all perfection here,
Of all His love and joy and glory there.
It is the only beauty that doth shine,
Most great, transcendent, heavenly, and divine.
The very best or worst of things it is,
The basis of all misery or bliss.
Its measures and capacities are such,
Their utmost measure we can never touch.
For ornament on ornament may still
Be laid; beauty on beauty, skill on skill,
Strength still on strength, and life itself on life.
'Tis queen of all things, and ist maker's wife.
The best of thoughts is yet a thing unknown,
But when 'tis perfect it is like His own:

An keine Form gebunden, grenzenlos,
So wandelbar, gehaltvoll, leicht und frei,
Daß der Gedanke, was er liebt, selbst sei.
Von null hin nach unendlich er sich kehrt
Im Nu – und jetzt wie Feuer er versehrt,
Dann eiserstarrt, formt jetzt die Sonne hehr,
Auf einmal nun zur Dunkelheit wird er,
Jetzt zugleich alles, nun geschart auf Sand,
Füllt dann die Hemisphäre, sieht ein Land,
Wird flugs nun größer als das Firmament,
Den nun im Einklang man mit Gott erkennt.
So ist's: Nichts oder alles kann er sein,
Gemacht gewandt, frei, tätig ungemein,
Weil er zu allem Guten ist imstand
Und End von allem ist, wenn recht erkannt.
'S kann ein Gedanke sich mit Schätzen schmücken
Von Gott – und bilden dann Sein höchst Entzücken.
All Seine Wege, Satzung, Taten weis',
Sein Ratschluß, Eigenschaften, all Sein Preis,
Kann der empfangen, geben, nachvollziehn:
Ist einz'ges Sein, dem Leben ward verliehn.
Der fähig hier aller Vollkomenheit,
All Seiner Liebe, Herrlichkeit und Freud.
Er ist die einz'ge Schönheit, welche brennt,
Sehr groß und himmlisch, göttlich, transzendent.
Der Dinge Schlimmstes oder Bestes und
So aller Not wie Wonne Untergrund.
Ihr Maß und ihre Fassungskraft sind so:
Nie rühr'n wir an den Höchstwert irgendwo.
Denn Zier an Zier, Schönheit kann sein gereiht
An Schönheit, Fertigkeit an Fertigkeit,
Kraft noch an Kraft, Leben an Leben. Schaut:
Der Dinge Kön'gin, ihres Schöpfers Braut.
Geheim ist der Gedanken bester noch;
Ist er perfekt, gleicht er dem Seinen doch:

Intelligible, endless, yet a sphere
Substantial too: in which all things appear.
All worlds, all excellences, senses, graces,
Joys, pleasures, creatures, and the angels' faces.
It shall be married ever unto all:
And all embrace, tho now it seemeth small.
A thought, my soul, may omnipresent be.
For all it thoucheth which a thought can see.
Oh that mysterious being! Thoughts are things,
Which rightly used make His creatures kings.

Verständlich, endlos, doch ein Sphärenball,
Gehaltvoll auch: drin sind die Dinge all.
Die Welten, Stärken, Sinne und Vergnügen,
Geschöpfe, Freuden, Reiz in Engelszügen.
Vereinigt wird er stets mit all dem sein,
Umarmend alles, scheint er jetzt auch klein.
Allorts kann, Seele, ein Gedanke sein,
Denn alles, was er sehn kann, fängt er ein.
O mystisch Sein! Gedanken, recht gedacht,
Sind das, was Sein Geschöpf zum König macht.

Hosanna

No more shall walls, no more shall walls confine
That glorious soul which in my flesh doth shine:
    No more shall walls of clay or mud
        Nor ceilings made of wood,
    Nor crystal windows, bound my sight,
    But rather shall admit delight.
        The skies that seem to bound
           My joys and treasures,
        Of more endearing pleasures
        Themselves become a ground:
While from the centre to the utmost sphere
My goods are multiplied everywhere.

The Deity, the Deity to me
Doth all things give, and make me clearly see
    The moon and stars, the air and sun
        Into my chamber come:
    The seas and rivers hither flow,
    Yea, here the trees of Eden grow,
        The fowls and fishes stand,
           Kings and their thrones,
        As 'twere, at my command;
        God's wealth, His holy ones,
The ages too, and angels all conspire:
While I, that I the centre am, admire.

No more, no more shall clouds eclipse my treasures,
Nor viler shades obscure my highest pleasures;
    No more shall earthen husks confine
        My blessings which do shine
    Within the skies, or else above:
    Both worlds one Heaven made by love,

Hosanna

Begrenzt nicht mehr, durch Mauern nicht begrenzt,
Die Seel fortan, die hehr mein Fleisch durchglänzt:
    Nicht Wände mehr aus Lehm und Dung
        Noch Deckentäfelung,
    Kristallglas nicht wird wehrn die Sicht,
All dies durchströmt nun Wonnelicht.
      Der Himmel, der scheint's trennt
        Mein Gut, die Wonnen
        Von lieblicheren Bronnen,
      Wird selbst zum Fundament:
Und ist vom Zentrum bis ins fernste All
Mein Gut vermehrt allorts vieltausendmal.

Die Gottheit, ja die Gottheit selbst mir gibt
Die Dinge all — und Sicht auch, ungetrübt,
    Der Mond, die Sterne, Sonne, Wind,
        In meinem Zimmer sind;
    Hier fließen Flüsse, glänzen Seen,
    Ja, hier die Bäume Edens stehn
      Und Vögel, Fische rings,
        Selbst Kön'ge dort,
      Wie harrend meines Winks,
      Die Heil'gen, Gottes Hort,
Die Zeiten auch, gesellt dem Engelheere,
Wo ich, die Mitte, staune und verehre.

Nicht werden Wolken meine Schätze decken,
Gemeine Schatten höchste Lust beflecken,
    Durch Scherben wird nicht mehr begrenzt
      Die Segnung, die mir glänzt
    In Himmeln oder drüber weit:
    Ein Liebeswerk die Welten beid',

In common happy I
    With angels walk
And there my joys espy;
    With God Himself I talk;
Wondering with ravishment all things to see
Such real joys, so truly mine, to be.

No more shall trunks and dishes be my store,
Nor ropes of pearl, nor chains of golden ore;
    As if such beings yet were not,
        They all shall be forgot.
    No such in Eden did appear,
    No such in Heaven: Heaven here
        Would be, were those remov'd;
            The sons of men
        Live in Jerusalem,
        Had they not baubles lov'd.
These clouds dispers'd, the heavens clear I see,
Wealth new invented, mine shall never be.

Transcendent objects doth my God provide,
In such convenient order all contriv'd,
    That all things in their proper place
        My soul doth best embrace,
    Extends its arms beyond the seas,
    Above the heavens itself can please,
        With God enthron'd may reign:
            Like sprightly streams
        My thoughts on things remain;
        Or else like vital beams
They reach to, shine on, quicken things, and make
Them truly useful; while I all partake.

Vereint mit Engeln geh
Ich glücklich dort,
Mein' Freuden ich erspäh,
Tausch mit Gott selbst das Wort,
Seh neugier-brennend, daß die Dinge all
Sind Freuden, ganz mein eigen und real.

Goldketten seien fürder nicht bei mir,
Noch Koffer, Tafelzeug und Perlenschnür;
    Als hätt es sie gegeben nie,
    Vergessen seien sie.
  Die gab es nicht im Paradies
  Noch auch im Himmel, der gewiß
    Auf Erden wär, wär'n die nicht hie.
    Für Menschensöhn
    Wär hier Jerusalem,
    Doch Babel wählten sie.
Die Wolke schwand, die Himmel seh ich klar,
Erfundner Reichtum – vale, immerdar.

Objekte, transzendente, mein Gott macht
So füglich passend, alle wohlbedacht,
    Daß meine Seele alle Ding'
    An ihrem Ort umfing',
  Sie streckt die Arme übers Meer,
  Könnt, über Himmeln, herrschen hehr,
    Mit Gott auf seinem Thron;
    Gedanken mein
    – Lebend'ger Strahlenbronn –
    Auf Dinge strömen ein,
Beleben, fassen, hellen sie; das hebt
Zu wahrem Nutz sie mir, der dies erlebt.

For me the world created was by Love;
For me the skies, the seas, the sun, do move;
    The earth for me doth stable stand;
      For me each fruitful land,
    For me the very angels God made His
    And my companions in bliss:
      His laws command all men
        That they love me,
      Under a penalty
      Severe, in case they miss:
His laws require His creatures all to praise
His name, and when they do't be most my joys.

Für mich erschuf die Liebe diese Welt,
Mir Himmel, Meere, Sonn in Gang sie hält,
   Für mich stabil die Erde steht,
     Für mich jed fruchtbar Beet,
   Für mich schuf Gott die Engel, sein
   Und meiner Wonne Widerschein;
     Und mich zu lieben, setzt
       Den Menschen er
     Bei einer Strafe schwer,
   Wird sein Gesetz verletzt:
Daß seinen Namen alle Schöpfung preist –
Und wenn sie's tut, sei's Lust mir allermeist.

Thomas Traherne

Meditationen

From The First Century of Meditations

1

An empty book is like an infant's soul, in which anything may be written. It is capable of all things, but containeth nothing. I have a mind to fill this with profitable wonders. And since Love made you put it into my hands, I will fill it with those truths you love without knowing them; and with those things which, if it be possible, shall show my love: to you, in communicating most enriching truths; to Truth, in exalting her beauties in such a soul.

2

Do not wonder that I promise to fill it with those truths you love, but know not: for tho it be a maxim in the schools, that there is no love of a thing unknown; yet I have found, that things unknown have a secret influence on the soul: and like the centre of the earth unseen, violently attract it. We love we know not what: and therefore everything allures us. As iron at a distance is drawn by the lodestone, there being some invisible communications between them: so is there in us a world of love to somewhat, tho we know not what in the world that should be. There are invisible ways of conveyance, by which some great thing doth touch our souls, and by which we tend to it. Do you not feel yourself drawn with the expectation and desire of some great thing?

Aus dem ersten Hundertstück der Meditationen

1

Ein leeres Buch ist wie die Seele eines Kindes, darein alles eingeschrieben werden kann. Es kann alle Dinge aufnehmen, aber es enthält nichts. Mein Sinn steht danach, dieses hier mit bereichernden Wunderdingen anzufüllen. Und weil es die Liebe war, die es dich in meine Hände legen ließ, will ich es mit jenen Wahrheiten füllen, die du liebst, ohne sie zu kennen. Es sollen, wenn möglich, Dinge sein, die meine Liebe zeigen: zu dir, indem sie dir höchst bereichernde Wahrheiten mitteilen, zur Wahrheit, indem sie ihre Schönheiten in einer solchen Seele noch erhöhen.

2

Du brauchst dich nicht darüber zu wundern, daß ich verspreche, es mit jenen Wahrheiten anzufüllen, die du liebst, jedoch nicht kennst: Obwohl es unter Gelehrten eine Maxime ist, daß man etwas Unbekanntes nicht lieben kann, habe ich doch entdeckt, daß unbekannte Dinge einen geheimen Einfluß auf die Seele haben und sie, wie der unsichtbare Erdmittelpunkt, heftig anziehen. Wir lieben und wissen nicht was — und darum zieht uns alles an. So wie Eisen vom Magnetstein über eine Entfernung hin angezogen wird, wobei zwischen beiden irgendwelche unsichtbaren Verbindungen bestehen, so besteht in unserem Inneren eine ganze Welt von Liebe zu irgend etwas, obgleich wir nicht wissen, was in aller Welt das sein sollte. Es gibt da unsichtbare Wege der Vermittlung, über welche irgendein gewaltiges Ding unsere Seele berührt und über die wir zu ihm hinstreben. Fühlst du dich nicht selbst gezogen von der Erwartung und der Sehnsucht nach irgendeinem großen Ding?

3

Mein Mund wird sich öffnen für Gleichnisse: Ich werde Dinge äußern, die seit den Anfängen der Welt geheimgehalten worden sind. Dinge – fremd und doch verbreitet; unglaublich, aber doch bekannt; sehr erhaben, aber doch schlicht; unendlich gewinnbringend, aber doch nicht wertgeschätzt. Ist das nicht eine große Sache, daß du Erbe der Welt sein sollst? Ist das nicht eine Wahrheit, die sehr bereichert? Darin liegt die Teilhabe an dem Mysterium gehüllt, das seit dem Anfang der Welt in Gott verborgen war. Diese Tatsache besteht seit der Weltschöpfung, wurde aber niemals soweit dargetan, daß die innere Schönheit hätte verstanden werden können. Daher ist mein Vorhaben, sie in solch einfacher Weise zu entfalten, daß meine Freundschaft sich dadurch erweist, daß ich dich zum Besitzer der ganzen Welt mache.

4

Nicht durch den Lärm blutiger Kriege oder den Sturz von Königen will ich dir zum Ruhm verhelfen; es soll auf den sanften Pfaden des Friedens und der Liebe geschehen. So wie eine starke Freundschaft unermüdlich auf den Fortschritt ihrer Sache bedacht ist und dazu die gründlichsten Pläne macht, so zeigt sie sich auch darin, daß sie die delikatesten und vergnüglichsten Methoden wählt, um so den zu fördernden Menschen nicht zu plagen, sondern ihm damit zu gefallen.

Wo die Liebe Medizin verabreicht, drückt sie ihr Wesen durch Balsamika und herzstärkende Liköre aus. Sie haßt Zersetzendes und ist reich an heilenden Gaben. Ebenso hat Gott in Seiner Absicht, Seine Liebe durch deine Erhebung zu zeigen, Wege des Behagens und der Ruhe gewählt, auf welchen du höhersteigen sollst. Und ich will dich, Ihn nachahmend, auf ebene und wohlbekannte Pfade führen, wo aller Neid und Raub, alles Blutvergießen, jede Beschwerde und Bosheit weit entfernt sein sollen und nichts sein soll als Zufriedenheit und Danksagung. Doch das Ende wird so glanzvoll sein, daß selbst Engel nichts so Großartiges erhoffen könnten, ehe sie es denn sähen.

5

Die Teilhabe an dem Mysterium, das in Gott seit den Schöpfungstagen verborgen ist, besteht nicht allein im Betrachten Seiner Liebe im Werk der Erlösung, so herrlich dieses auch ist, sondern in dem Ziel, zu welchem wir erlöst wurden: einer Vereinigung mit Ihm in all Seinem Glanz und Ruhm. Aus diesem Grunde sagt auch St. Petrus: »Der Gott aller Gnade hat uns zu Seinem ewigen Ruhmesglanz berufen durch Jesus Christus.« Sein ewiger Ruhm ist uns auf den Wegen Seiner ewigen Weisheit zu eigen gemacht; und die Erfüllung dessen durch uns ist es, wofür unser Erretter gelitten hat.

6

Wahre Liebe: So wie sie die größten Gaben bereithält, so sieht sie auch auf den größten Nutzen. Sie gibt sich nicht damit zufrieden, großartige Dinge zu zeigen, wenn sie diese nicht auch in hohem Grade nützlich machen kann. Denn die Liebe erfreut sich aufs äußerste daran, ihre Objekte dauernd in höchstes Glück versetzt zu sehen. Wenn ich dich daher durch den Gebrauch dessen, was ich gebe, nicht höhersteigen lassen könnte, wäre es meine Liebe auch nicht zufrieden, dir die ganze Welt zu schenken. Aber weil du, wenn du es genießest, hin zum Throne Gottes erhoben wirst, verbleibt mir das Wohlgefallen, dies gewährt zu haben. Es wird dich deine eigene Größe, die Wahrheit der Heiligen Schriften, das Liebenswerte der Tugend und die Schönheit der Religion schauen lassen. Es wird dich auch in den Stand setzen, die Welt zu verachten und in Lobpreisungen aufzugehen.

7

Die Welt verachten und sich der Welt zu erfreuen, das sind Dinge, die einander widersprechen. Wie können wir die Welt verachten, da wir doch geboren sind, sie zu genießen? Es gibt in Wirklichkeit zwei Welten. Die eine wurde von Gott gemacht, die andere von Menschen. Die von Gott gemachte war groß und schön. Vor dem Sündenfall war sie die Freude Adams und der Tempel seines Ruhmes. Die von Menschen gemachte ist ein Babel der Verwirrungen: erfundene Reichtümer, Pomp und Nichtigkeiten, durch die Sünde eingeführt. Gib alles (sagte Thomas a Kempis) für alles hin. Verlasse die eine, daß du die andere Welt genießen kannst.

8

Was ist leichter und süßer als denkendes Sichversenken? Schon darin hat uns Gott Seiner Liebe gewürdigt, daß man sich ihrer in der Versenkung erfreue. Wie nichts leichter ist, als zu denken, so ist nichts schwieriger, als ordentlich zu denken. Die Leichtigkeit zu denken erhielten wir von Gott, die Schwierigkeit zu denken kommt sicherlich aus uns selbst. Aber in Wirklichkeit ist es viel leichter, ordentlich zu denken als schlecht, denn gute Gedanken sind süß und entzückend, schlechte aber vollauf unbefriedigend und verwirrend. So daß es also schlechte Gewohnheit und Lebensweisen sind, die es schwer machen, gut zu denken, und nicht die natürliche Veranlagung. Denn von Natur aus ist nichts so schwierig, als verkehrt zu denken.

9

Ist es nicht leicht, dir die Welt in deinem Sinn vorzustellen? Die Himmel wolkenlos? Die Erde fruchtbar? Die Luft freundlich? Das Meer ergiebig? Den Spender freigebig? Doch das sind Dinge, die man schwerlich festhalten kann. Denn wären wir stets aufgeschlossen für ihren Wert und Nutzen, so wären wir immer entzückt von ihrem Glanz und Reichtum.

10

Gut zu denken heißt Gott im innersten Bezirk dienen: einen Sinn zu haben, der sich zusammensetzt aus göttlichen Gedanken und der in der rechten Verfassung ist, im Innern Ihm zu gleichen. Die Welt sich richtig vorzustellen und sich daran zu erfreuen, heißt den Heiligen Geist zu begreifen und Seiner Liebe gewahr zu werden; das ist der Wille des Vaters. Und das ist es, was Ihm besser gefällt als viele Welten, wenn wir sie auch so hell und großartig schaffen könnten als diese hier. Denn wenn du einmal mit der Welt bekannt wirst, wirst du die Güte und Weisheit Gottes darin so offenbar finden, daß es unmöglich wäre, daß eine andere oder bessere gemacht würde. Und da sie dazu geschaffen wurde, Freude zu bringen, kann nichts Ihm mehr gefallen oder dienen als die Seele, die sie genießt. Denn diese Seele erfüllt das Ziel Seines Begehrens bei der Welterschaffung.

11

Liebe ist tiefer als man zunächst denkt. Sie endet nie anders als in unendlichen Dingen. Sie vervielfältigt sich ständig. Ihre Wohltaten und Absichten sind immer grenzenlos. Ich wäre nicht so beflissen, sie dir zu gewähren, wenn du nicht heilig, göttlich und darin gesegnet wärest, dich an der Welt zu erfreuen. Da du aber damit nun deine eigene Schöpfung vollendest, Gott am besten dienst und ihm aufs äußerste gefällst, freue ich mich daran, sie zu geben. Denn dich in den Stand zu setzen, Gott zu gefallen, ist der höchste Dienst, den ein Mensch dir erweisen kann. Das bedeutet, dich dem König des Himmels gefällig zu machen, dich zu dem Liebling zu machen, der an seiner Brust liegt.

12

Kannst du heilig sein, ohne das Ziel zu vollenden, für das du geschaffen bist? Kannst du göttlich sein, ohne heilig zu sein? Kannst du das Ziel deiner Schöpfung vollenden, ohne rechtschaffen zu sein? Kannst du denn rechtschaffen sein, ohne darin gerecht zu sein, daß du allen Dingen ihren angemessenen Wert zumißt? Alle Dinge sind gemacht, um dein zu sein. Und du bist gemacht, um sie entsprechend ihrem Wert hochzuschätzen: das ist dein Amt und deine Pflicht, das Ziel, zu dem du geschaffen wurdest, und das Mittel, mit dem du genießest. *Das Ziel, zu dem du geschaffen bist, ist, daß du durch Wertschätzung alles dessen, was Gott getan hat, dich selbst und auch Ihn erfreust.*

13

Heilig zu sein muß so innig begehrt, so eifrig hochgeschätzt und so ernsthaft angestrebt werden, daß wir nicht für Millionen in Gold und Silber davon abweichen, noch versagen oder nur ein Tüttelchen falsch machen würden. Denn dann gefallen wir Gott, wenn wir Ihm möglichst gleich sind. Wir gleichen Ihm, wenn unsere Gemüter gezügelt sind. Unsere Gemüter sind gezügelt, wenn unsere Gedanken den Seinen gleichen, und sie gleichen den Seinen dann, wenn wir von allen Dingen Vorstellungen haben, wie Gott sie hat, und alle Dinge nach ihrem Werte schätzen. Denn Gott bewertet alle Dinge in der Tat gerecht. Das ist ein Schlüssel, der Zugang zu den eigentlichen Gedanken in Seiner Brust verschafft. Der Anspruch, Seine geheimen Gedanken zu kennen, erscheint anmaßend. Aber wie sollen wir die Denkart Gottes haben, wenn wir Seine Gedanken nicht kennen? Oder wie sollten wir von Seinem göttlichen Geist geführt sein, ehe wir nicht Seine Denkart besitzen? Seine Gedanken sind verborgen. Aber Er hat uns die verborgenen Dinge aus der Dunkelheit enthüllt. Wir kennen Seine Gedanken durch Sein Wesen und Seine Werke. Und denken wir diese, so sind wir gesegnet und göttlich.

14

Wenn uns nun die Dinge an den ihnen zugemessenen Orten zu eigen sind, bedarf es nichts als der rechten Wertschätzung, sie zu genießen. Deshalb hat Gott es uns unendlich leicht gemacht zu genießen, indem er uns jedes Ding zueignet und uns befähigt, es so mühelos hochzuschätzen. Jedes Ding gehört uns, das uns an seinem Orte dient. Die Sonne dient uns so weit als nur irgend möglich und mehr als wir uns vorstellen können. Die Wolken und Sterne warten uns auf, die Welt umgibt uns mit Schönheit, die Luft erfrischt uns, das Meer belebt die Erde und uns. Die Erde selbst ist besser als Gold, denn sie bringt Früchte und Blumen hervor. Und darum wurde sie im Anfang als mein Eigentum offenbar gemacht, weil einzig Adam geschaffen war, sie zu genießen. Indem Er nur einen und nicht viele schuf, zeigte Gott ganz deutlich, daß einer allein der Endzweck der Welt sei und ein jeglicher deren Genießer, denn ein jeglicher darf sich so sehr wie er daran erfreuen.

15

Solch endlose Tiefen ruhen in Gottes Herrlichkeit und Weisheit, daß er jeden zum Ziel der Welt machte, als er den einen schuf: Die überzähligen Menschen bereichern so Sein Erbteil. Adam und die Welt, beide gehören mir. Und die Nachkommen Adams bereichern sie unendlich. Seelen sind Gottes Edelsteine. Jeder einzelne davon wiegt den Wert vieler Welten auf. Sie sind seine Schätze, weil sie sein Abbild und aus diesem Grunde mein sind, so daß ich allein das Ziel der Welt bin. Engel und Menschen – alle gehören mir. Und wenn dies bei anderen auch so ist, dann sind sie dazu geschaffen, sich zu meiner weiteren Entwicklung daran zu erfreuen. Gott allein ist der Geber und ich bin der Empfänger. So hat Seneca richtig philosophiert, wenn er sagte, *Deus me dedit solum toti mundo, et totum mundum mihi soli.* Gott gab mich allein der ganzen Welt und die ganze Welt mir allein.

16

Daß alle Welt dein eigen ist, das zeigen dir gerade deine Sinne und deine Herzensneigungen. Gottes Werke offenbaren es, Seine Gesetze bezeugen es, und Sein Wort bestätigt es. Seine Eigenschaften machen es auf höchst liebliche Weise offenbar. Deine Seelenkräfte bestätigen es. So kannst du dich inmitten solch reicher Offenbarungen unendlich an Gott als deinem Vater, Freund und Wohltäter erfreuen: in dir selbst als

Sein Erbe, Sein Kind und Seine Braut; in der ganzen
Welt als das Zeichen und die Gabe Seiner Liebe. Noch
auch kann irgend etwas außer der Unwissenheit deine
Freuden zerstören; denn wenn du dich kennst oder
Gott oder die Welt, mußt du dich notwendig ihrer
freuen.

17

Gott kennen ist ewiges Leben. Es muß deshalb stets
eine überaus große Sache sein, die mit dem Wissen um
Ihn erlangt wird. Gott zu kennen, heißt die Güte ken-
nen; es bedeutet, die Schönheit unendlicher Liebe zu
sehen, sie begleitet zu sehen von allmächtiger Kraft
und ewiger Weisheit und jene beiden angewendet zur
Verherrlichung ihres Gegenstandes. Es bedeutet, den
König des Himmels und der Erde zu sehen in Seiner
unendlichen Freude am Geben. Was du auch immer
sonst von Gott zu wissen meinst, es ist nur Aberglaube
– was Plutarch zu Recht »ein unwissendes Sichfürch-
ten vor Seiner göttlichen Macht, ohne jedes freudige
Vertrauen in seine Güte« nennt. Er ist kein Ding des
Schreckens, sondern der Freude. Ihn also zu kennen, so
wie Er ist, heißt, die schönste Idee aller Welten zu
umfassen. Er erfreut sich unseres Glücks mehr als wir
selbst und ist selbst unter allem anderen sein herrlich-
ster Gegenstand. Ein unendlicher Herrscher, der un-
endlich gewillt ist, all die Reichtümer, Ehren und Ver-
gnügungen aus seiner Hand mir zu geben. Das ist die
glänzendste Idee, die vorgestellt werden kann.

18

Die Welt umfaßt nicht nur diese kleine Hütte von
Himmel und Erde. Wenn auch diese letzteren recht
ordentlich sind, so ist dies doch ein zu geringes Ge-
schenk. Als Gott die Welt schuf, machte Er die Him-

mel und die Himmel der Himmel und die Engel und die himmlischen Mächte. Auch diese sind Teile der Welt, und ebensolches gilt für jene unendlichen und ewigen Schätze, die selbst nach dem Jüngsten Gericht ewig bestehen werden. Doch auch diese, von denen einige hier, einige dort, aber alle überall und alle auf einmal genossen werden können, reichen nicht hin. Die Welt ist unbekannt, bis ihr Wert und ihre Herrlichkeit erkannt wird, bis die Schönheit und Dienlichkeit all ihrer Teile bedacht ist. Wenn du sie betrittst, ist sie ein unbegrenztes Feld der Vielfalt und Schönheit, darin du dich selbst in der Vielzahl der Wunder und Genüsse verlieren kannst. Doch ist das ein schöner Verlust, sich selbst in der Bewunderung der eigenen Glückseligkeit zu verlieren – und Gott anstelle seiner selbst zu finden. Das tun wir dann, wenn wir Ihn inmitten Seiner Gaben sehen und Seine Herrlichkeit anbeten.

19

Niemals kennst du dich selbst, ehe du nicht mehr kennst als deinen Leib. Das Bild Gottes wurde dir nicht in die Züge deines Gesichts eingeschrieben, wohl aber in die Kennlinien deiner Seele. Dein Wissen von dir selbst besteht hauptsächlich in der Kenntnis deiner Kräfte, Neigungen und Grundsätze, die so gewaltig sind, daß selbst dem gelehrtesten aller Menschen ihre Größe unglaublich ist; und so göttlich sind sie, daß ihr Wert unendlich ist. Doch ach, die Welt ist nur ein kleiner Mittelpunkt im Vergleich mit dir. Nimm an, es sind Millionen Meilen zwischen der Erde und den Himmeln und Millionen von Millionen über den Sternen, sowohl hier als auch über den Köpfen unserer Antipoden: Sie ist von unendlichem und ewigem Raum umgeben; und so wie bei eines Herren

Haus es für einen Reisenden lange dauert, bis er hinkommt, so geht er doch in einem Nu daran vorbei und verläßt es auf immer. Die Allgegenwart und die Ewigkeit Gottes sind deine Genossen und Weggefährten. Und alles, was in ihnen ist, sollte zu deinen vertrauten Schätzen werden. Dein Verstehen begreift die Welt, wie den Staub auf einer Waage, es mißt den Himmel in Spannenlängen und achtet tausend Jahre wie einen Tag. So daß nur große, endlose, ewigwährende Freuden zu ihrem Genuß geeignet sind.

20

Die Gesetze Gottes, die Seiner Werke Erläuterungen sind, erweisen sie als die deinigen, denn sie lehren dich, Gott mit all deiner Seele und mit all deinen Fähigkeiten zu lieben. Ihn, den du, wenn du Ihn mit all den unendlichen Kräften deiner Seele liebst, lieben wirst als Ihn in Ihm selbst, in Seinen Eigenschaften, in Seinen Ratschlüssen, in all Seinen Werken, in all Seinen Wegen; und auch in jeder Art Ding, darin Er in Erscheinung tritt, wirst du Ihn preisen, wirst du Ihn ehren; du wirst Ihn erfreuen, du wirst immerdar begehren, bei Ihm zu sein und Ihm zu gefallen. Denn Ihn zu lieben, schließt all dies ein. Du wirst dich mit Lust von allem nähren, das Sein ist. So wird die Welt für dich ein großartiges Juwel der Freude sein – ein rechtes Paradies und Himmelstor. Sie ist in der Tat das schöne Titelbild der Ewigkeit, der Tempel Gottes, der Palast Seiner Kinder. Gottes Gesetze decken alles auf, was darin um deinetwillen geschaffen ist. Denn sie befehlen dir, alles zu lieben, was gut ist, und wenn du richtig siehst, dann genießest du, was du liebst. Sie richten die unendlichen Kräfte deiner Seele auf all ihre Gegenstände und veranlassen jegliches auf zehntausenderlei Weisen, dir zu dienen. Sie befehlen dir,

alle Engel und Menschen zu lieben, sie befehlen allen
Engeln und Menschen, dich zu lieben. Wenn du sie
liebst, sind sie deine Schätze; wenn sie dich lieben, bist
du zu deinem großen Vorteil ihr eigen. Alle Dinge dienen dir dazu, daß du denen dienst, die du liebst und
von denen du geliebt wirst. Das Tor Seiner Worte erleuchtet die Einfältigen. Unter Engeln und Menschen
wirst du verherrlicht: bereichert durch sie und glücklich in ihnen.

21

Allein mit Hilfe deiner Sinne erfreust du dich der
Welt. Bietet sich deinem Auge nicht die Schönheit der
Hemisphäre dar? Zahlt nicht die Herrlichkeit der Sonne deinem Blicke seinen Zoll? Ist nicht der Anblick der
Welt etwas Liebenswertes? Kommen nicht von den
Sternen her Wirkungen, die die Luft vollkommener
machen? Ist diese nicht eine wunderbares Ding zum
Atmen? Um die Lungen zu erfüllen, die Geister gesund zu machen, die Sinne zu beleben, das Blut zu
kühlen, die leeren Räume zwischen Himmel und Erde
zu füllen und doch allen Gegenständen Freiheit zu geben? Schätze diese Dinge zuvorderst hoch, und du
wirst dich des übrigen erfreuen: der Herrlichkeit,
Herrschaft, Kraft, Weisheit, Ehre, der Seelen, Königreiche, Zeitalter. Sei gläubig im kleinen, und du wirst
über vieles herrschen. Wenn du diese Dinge nicht redlich achtest, wer sollte die wahren Schätze dann in
deine Hände legen? Bist du darin nachlässig, diese
hochzuschätzen, dann wirst du es auch versäumen, alles recht zu bewerten. Derjenige ist krank, der die gegenwärtigen Gnaden verachtet, und er wird nicht
glücklich sein, solange er nicht geheilt ist. Er weiß
nicht zu schätzen, was er hat, stiert aber nach immer
mehr, das er dann, wenn er's hat, in gleicher Weise

geringschätzt. Unersättlichkeit ist gut, nicht aber Undankbarkeit.

22

Es gehört zum Adel der Menschenseele, daß der Mensch unersättlich ist, denn er hat einen so sehr zum Geben geneigten Wohltäter, daß Er sich sogar unseres Begehrens ergötzt. Sagen dir nicht deine Neigungen, daß die Welt dir gehört? Gelüstet dich nicht nach allem? Möchtest du es nicht haben, genießen, überwältigen? Wozu tragen Menschen Schätze zusammen, wenn nicht, um sie weiter zu vermehren? Machen sie es nicht wie Pyrrhus, der König von Epirus; tragen sie nicht Haus um Haus, Land um Land zusammen, daß sie alles hätten? Von diesem Prinzen wird berichtet, daß er, nachdem er sich einen Grund zum Einmarsch in Italien ausgedacht hatte, nach Cineas, einem Philosophen und Freund des Königs, schickte, dem er seine Pläne mitteilte und dessen Rat er begehrte. Cineas fragte ihn, zu welchem Zweck er in Italien eindringen wolle. Er sagte: »Um es zu erobern.« »Und was willst du tun, wenn du es erobert hast?« »Nach Frankreich gehen«, sagte der König, »und das erobern.« »Und was willst du tun, wenn du Frankreich erobert hast?« »Deutschland erobern.« »Und was dann?« fragte der Philosoph? »Spanien erobern.« »Ich merke schon«, sagte Cineas, »du meinst, daß du die ganze Welt erobern willst. Was willst du tun, wenn du alles erobert hast?« »Ei, dann«, sagte der König, »werden wir zurückkommen und uns in Ruhe in unserem eigenen Land gütlich tun.« »Das kannst du auch jetzt«, sagte der Philosoph, »ohne all diese Umstände.« Aber er konnte ihn nicht davon abbringen, bis er dann von den Römern vernichtet wurde. Ebenso erzielen Leute hundert Pfund im Jahr, damit sie noch einmal soviel bekommen, und wenn sie zweihundert haben, gelüstet es sie nach achten, und all ihrer Arbeit ist kein Ende, denn das Begehren ihrer Seele ist unersättlich. Wie Alexander der Große müssen sie alles haben; und wenn sie es haben, dann soll alles friedlich sein. Und könnten sie das nicht alles haben, bevor sie loslegen? Wirklich, es wäre gut, wenn sie Ruhe geben könnten. Aber wenn's schließlich so kommt, werden sie den Sternen gleichen, hochgestellt, aber ohne Rast; was erreichen sie mehr als Arbeit für ihre Mühen? Man hat sich zum Spaß vorgestellt, daß jener junge Mann sich hinsetzte und um mehr Welten weinte. So unersättlich ist der Mensch, daß ihm Millionen davon nicht genügen. Sie sind nicht mehr als eine ebensolche Anzahl Tennisbälle, verglichen mit der Größe und Erhabenheit seiner Seele.

23

Die edle Neigung, die den Menschen nach Schätzen und nach Herrschaft dürsten läßt, ist seine höchste Tugend, wenn sie recht geführt wird; und sie führt ihn in einem Triumphwagen zu seinem höchsten Glück. Die Menschen werden nur dann unglücklich, wenn sie diese mißbrauchen. Wenn sie den falschen Weg einschlagen, sie zu befriedigen, jagen sie dem Winde nach: verlorene Liebesmüh' und nach all dem Ernten nur leeres Stroh. Während doch die Liebe Gottes, welche die Quelle von allem ist, uns nichts gekostet hat: So wurden durch sie alle anderen Dinge derart ausgestattet, daß sie nach bester Art und Weise unsere Neigungen befriedigen, frei und ohne Kosten für uns. Daher denn, weil auch alle Sättigungen so nah bei der Hand sind, lassen wir diese bloß wieder hinter uns zurück, wenn wir's weitertreiben, und geben sie auf und zermürben uns selbst auf langem Wege im Kreis wie ein Blinder. Sie liegen unmittelbar bei den wirklichen Pforten unserer Sinne. Der Großzügigkeit Gottes geziemt es, sie frei zu bereiten: sie glorreich zu machen und leicht zu genießen. Denn da Seine Liebe frei ist, sind es auch Seine Schätze. Derjenige also, der sie nicht achtet, weil er sie ja hat, ist unerhört unverständig. Der Weg, sie zu besitzen, heißt sie hochzuschätzen. Und der wahre Weg, über sie zu herrschen, ist, die ganze Welt in Teile zu brechen, um sie zerlegt zu untersuchen. Und wenn wir die Teile so hervorragend finden, daß bessere nicht hätten gemacht werden können, und so geartet, daß sie nicht noch mehr unser sein könnten, um uns daran des Vorzugs ihrer Vortrefflichkeit in allen Teilen voller Lust zu erfreuen, dann sind wir Könige über die ganze Welt und finden höchsten Gefallen an der ganzen Komposition, wenn wir die Stücke an ihren angemessenen Platz zurücksetzen. Dies wird dir eine gut gegründete Befriedigung geben, weit jenseits dessen was kummervolle Kriege oder Eroberungen erzielen können.

24
Ist das nicht eine feine Sache, alle Begierde und allen Ehrgeiz befriedigt zu bekommen, Mißtrauen und Untreue beseitigt, Mut und Freude eingeflößt? Und doch wird all dies im Vollgenuß der Welt erlangt; denn dabei wird Gott in all seiner Weisheit, Kraft, Güte und Herrlichkeit erblickt.

25
Deine Freude an der Welt ist so lange nicht die rechte, als du sie nicht so achtest, daß alles darin noch mehr dein Schatz ist als eines Königs Schatzamt voll Gold und Silber. Und dieser Schatz ist auch an seinem Ort und in seinem Amt der deine. Kannst du aus deines Vaters Werken zu viel Freude schöpfen? Er ist in jedem Ding Er selbst. Manche Dinge sind äußerlich unbedeutend und grob und gewöhnlich. Aber ich erinnere mich der Zeit,

als für mein kindlich' Auge der Staub auf den Straßen so kostbar war wie Gold, und heute sind solche Dinge dem Auge der Vernunft noch kostbarer.

26

Der Dienst der Dinge und ihre Vortrefflichkeiten sind geistiger Art: Sie sind nicht für das Auge, sondern fürs Gemüt, und du selbst bist um so geistiger, je mehr du sie schätzest. Schweine fressen Eicheln, aber sie bedenken weder die Sonne, die sie gedeihen ließ, noch die Einflüsse der Himmel, welche sie nährten, noch auch die eigentlichen Wurzeln der Bäume, von denen sie stammen. Dies ist das Werk von Engeln, die in einem großen und klaren Licht sogar das Meer mit einbeziehen, das hierbei Feuchtigkeit spendete. Sie nähren sich geistig von dieser Eichel, indem sie die Ziele wissen, um derentwillen sie geschaffen ward, und sich daran so ergötzen wie an den ihr innewohnenden Welten von Freude. Den unwissenden Schweinen hingegen, die die Schale fressen, ist sie eine leere Hülse, reizlos und ohne köstlichen Geschmack.

27

Niemals genießest du die Welt richtig, ehe du nicht siehst, wie etwas Sand die Weisheit und Macht Gottes offenbart, und du in jeglichem den Dienst hochschätzest, den diese Dinge dir leisten, indem sie deiner Seele Seine Herrlichkeit und seine Güte greifbar machen, weit mehr als die sichtbare Schönheit ihrer Außenseite oder ihre materiellen Gefälligkeiten, die sie deinem Körper erweisen können. Wein löscht meinen Durst durch seine Nässe, ob ich das in Betracht ziehe oder nicht; aber ihn aus Seiner Liebe fließen zu sehen, die ihn den Menschen gab, stillt sogar den Durst der heiligen Engel. Dies im Bewußtsein zu haben, heißt ihn geistig zu trinken. Sich seiner Durchdringung zu erfreuen, heißt in alltäglicher Art denken. Und sein Vergnügen an all den Wohltaten zu haben, die er allen erweist, ist himmlischer Natur. Denn so machen sie's im Himmel. So zu handeln bedeutet, göttlich und gut zu sein und unseren unendlichen und ewigen Vater nachzuahmen.

28
Deine Freude an der Welt ist so lange nicht die rechte, bis du nicht jeden Morgen im Himmel aufwachst: dich im Palast deines Vaters erlebst, auf die Erde und die Firmamente und den Luftraum als himmlische Freuden schaust, und das mit einer so ehrwürdigen Hochschätzung all dessen, als wärest du unter Engeln. Die Braut eines Herrschers in der Kammer ihres Gemahls hat nicht solche Ursachen zur Entzückung wie du.

29
Niemals erfreust du dich der Welt richtig, solange nicht das Meer selbst in deinen Adern fließt und du mit den Himmeln bekleidet bist und mit den Sternen gekrönt und dich selbst als einzigen Erben der ganzen Welt wahrnimmst, und mehr denn dies, denn es sind Menschen darin, von denen jeder alleiniger Erbe ist, so wie auch du. Solange du nicht singen, dich nicht erfreuen und entzücken kannst in Gott wie arme Leute an Gold, Könige an Zeptern, solange erfreust du dich niemals der Welt.

30
Solange dein Geist nicht die ganze Welt ausfüllt und die Sterne nicht deine Juwelen sind, solange du nicht so vertraut mit Gottes Wegen in allen Zeitaltern bist wie mit deinen alltäglichen Gängen und deinem

Tisch, solange du nicht zu innerst bekannt bist mit dem schattenhaften Nichts, aus dem die Welt gemacht wurde, solange du die Menschen nicht so liebst, daß du ihre Glückseligkeit wünschest mit einem Dürsten, wie es der Eifer für deine eigene darstellt, solange du dich nicht über Gott entzückst, weil er gut zu allen ist, erfreust du dich niemals der Welt – solange du dies nicht stärker fühlst als deinen privaten Besitz und Stand und viel gegenwärtiger bist in der Hemisphäre, die Herrlichkeiten und Schönheiten derselben im Bewußtsein tragend, mehr als in deinem eigenen Haus; solange du dich daran nicht erinnerst, wie du erst jüngst gemacht wurdest und wie wunderbar es war, als du in dieselbe kamst, und du dich am Palast deiner Herrlichkeit nicht mehr so erfreust, als wenn er erst heute morgen gemacht worden wäre.

31

Und weiter, du erfreust dich der Welt niemals richtig, solange du nicht das Schöne, dich daran zu freuen, so liebst, daß du ernstlich und heftig begehrst, andere davon zu überzeugen, sich daran zu erfreuen. Und solange du nicht die verabscheuungswürdige Verderbtheit der Menschen, dies zu verachten, so völlig hassest, daß du lieber das Höllenfeuer erleiden wolltest, als willentlich ihres Irrtums schuldig zu werden. Es steckt so viel Blindheit und Undankbarkeit und verdammte Torheit darin. Die Welt ist ein Spiegelbild unendlicher Schönheit, doch kein Mensch sieht das. Sie ist ein Tempel der Majestät, aber kein Mensch beachtet das. Sie ist eine Region von Licht und Frieden, hätten die Menschen nur nicht den Frieden gestört. Sie ist das Paradies Gottes. Seit der Mensch gefallen ist, ist sie noch mehr für ihn als zuvor. Sie ist der Ort der Engel und die Pforte des Himmels. Als Jakob von seinem

Traum erwachte, sagte er, »Gott ist hier, und ich wurde es nicht gewahr. Wie schrecklich ist dieser Ort! Dies ist nichts anderes als das Haus Gottes und das Tor zum Himmel«.

32

Kann irgendeine Undankbarkeit verdammenswürdiger sein als jene, die mit Wohltaten genährt wird? Oder eine Dummheit größer als jene, die uns unendlicher Schätze beraubt? Sie verachten sie lediglich deshalb, weil sie diese besitzen, und sie erfinden Wege, sich ins Elend zu stürzen angesichts der Gegenwart von Reichtümern. Sie vertiefen sich in tausend neumodische Schätze, die Gott niemals machte, und dann härmen sie sich und murren, daß sie nicht glücklich sind. Sie sind vernarrt in ihre eigenen Werke und vernachlässigen die Werke Gottes, die da sind voller Majestät, Reichtümer und Weisheit. Und vor diesen geflohen, weil sie dauerhaft, göttlich und wahr sind, verfolgen sie gierig glitzernde Nichtigkeiten, wandeln fort in der Dunkelheit und belustigen sich in den Reichen des Fürsten der Dunkelheit und folgen diesen, bis sie in ewige Dunkelheit kommen. Wie der Sänger der Psalmen singt, »Alle Grundfesten der Erde sind zerrüttet.«

33

Die Reichtümer der Finsternis sind jene, welche die Menschen im Zustande ihrer Unwissenheit über den Schätzen Gottes, des Allmächtigen errichtet haben; sie ziehen uns von Gottes Liebe ab, hin zu Mühe und Wettstreit, Unmäßigkeit und Nichtigkeit. Die Werke der Finsternis sind: Unzufriedenheit, Neid, Bosheit, Begierdehaftigkeit, Betrug, Unterdrückung, Mißlaunigkeit und Gewalt; all das geht aus der Verderbtheit der Menschen hervor und aus ihrem Fehlgriff bei der Wahl der Reichtümer: Denn indem sie jene, die Gott gemacht hatte, ausschlagen, und ihre eigene Art von Schätzen an sich nahmen, erfanden sie kärgliche und dünne, ungenügende, schwer erringbare, kleine, flüchtige und nutzlose Schätze. Dennoch jagen sie ihnen so ungestüm nach, als wären es die allernotwendigsten und vorzüglichsten Dinge in der ganzen Welt. Und obgleich sie alle verrückt sind, haben sie's so gefügt, daß sie weise erscheinen; und da ist es eine harte Sache, sie entweder von der Wahrheit oder der Vernunft zu überzeugen. Es scheint für sie keine Wege als die ihren zu geben; während doch Gott weiß, daß sie so weit ab vom Wege der Glückseligkeit sind, als es der Osten vom Westen ist. Denn auf diese Weise haben sie Streitigkeiten und Unzufriedenheiten in die Welt hereingelassen, und sie schicken sich an, einander aufzuessen und zu verschlingen: Schwach begründete und Sonderinteressen, unrechte Besitztümer, unersättliche Begehrlichkeiten, Betrug, Wetteifer, Murren und Zwietracht sind überall zu sehen; Diebstahl, Hochmut, Gefahr und Prellerei, Neid und Übertrumpfung ertränken den Frieden und die Schönheit der Natur wie die Wassermassen den Meeresgrund. O, wie sie ständig bereit sind, unter der Last und der Sorge von erdachten Bedürfnissen zu versinken! Wahrlich, der Anblick ihrer häßlichen Irrtümer kann einem den Magen umdrehen: so scheußlich und entstellt sind sie.

34

Würde man es für möglich halten, daß ein Mensch sich an so putzig Buntem wie einem Schmetterling ergötzt und die Himmelreiche vernachlässigt? Sähen wir das nicht täglich, wäre es unglaublich. Ein Stück Gold entzückt die Menschen mehr als die Sonne, und

sie raffen ein paar blitzende Steine und nennen sie
Juwelen. Und bewundern sie gar, weil sie glänzen wie
die Sterne, durchsichtig sind wie die Luft und klar wie
das Meer. Aber die Sterne selbst, die zehntausendmal
nützlicher, groß und ruhmreich sind, mißachten sie.
Noch soll auch die Luft irgend etwas gelten, obwohl
sie alle Perlen und Diamanten von zehntausend Welten wert ist, ein durch ihre kostbare und reine Durchsichtigkeit so göttliches Werk, daß alle Welten ohne
einen solchen Schatz wertlos wären.

35

Die Reichtümer des Lichts sind die Werke Gottes, welche der Anteil und die Erbschaft Seiner Söhne sind:
gesehen und genossen zu werden im Himmel und auf
der Erde; das Meer und alles, was darin ist, das Licht
und der Tag; groß und unergründlich an Nutzen und
Vortrefflichkeit, wahr, notwendig, in freier Weise gegeben, ganz aus Seiner unendlichen Liebe entspringend und, so würdig sie sind, leicht zu genießen. Sie
verpflichten uns, Ihn zu lieben und uns an Ihm zu
freuen, wobei sie uns mit Dankbarkeit erfüllen und
uns von Lobpreisungen und Danksagungen überfließen lassen. Die Werke der Zufriedenheit und des Vergnügens sind Werke des Tages. Das sind auch die Werke, wie sie aus der Einsicht in unsere wechselseitige
Dienlichkeit einer für den anderen fließen. Sie entstehen aus dem Genügen und der Vortrefflichkeit unserer
Schätze, als da sind Zufriedenheit, Freude, Friede, Einigkeit, Wohltätigkeit usw. Alle sind wir dabei miteinander verbunden und erfreuen uns an jedes anderen
Glückseligkeit. Weil denn ein jeder Erbe der ganzen
Welt ist und alle übrigen seine zusätzlichen Schätze,
dient ihm die ganze Welt in ihm selbst wie auch in
jenen, seinen zusätzlichen Schätzen.

36

Den gewöhnlichen Irrtum, der es schwer macht, daran zu glauben, daß alle Welt ganz dein Eigentum ist, kann man vermeiden wie einen schiffezerschmetternden Felsen oder gefährlichen Treibsand. Doch das Gift, das sie trinken, hat ihre Einbildungskraft verblendet, und nun wissen sie nicht, noch wollen sie wissen, daß sie im Dunkeln gehen. *Alle die Grundfesten der Erde sind erschüttert.* Mit ihnen ist Sicherheit nicht zu erlangen. Doch läßt sich ein gutes Teil Glückseligkeit aus ihren verführenden und versklavenden Irrtümern freisetzen. Daß aber andere auf einem Golgatha oder im Gefängnis leben, während wir im Paradies sein können, das ist ein sehr großes Geheimnis. Und eine Gnade ist es, daß wir uns im Tempel des Himmels erfreuen können, wo sie sich doch in der Hölle abplagen und dort lamentieren; denn die Welt ist für verschiedene Menschen beides, Paradies und Gefängnis.

37

Die Helligkeit und Pracht dieser Welt, die durch ihre Mächtigkeit und ihre Größe den Menschen verborgen bleiben, sind göttlich und wunderbar. Sie vermehren sehr die Glorie des Tempels, in dem wir leben. Und doch ist das die Ursache, warum sie von den Menschen nicht verstanden wird. Sie halten sie für viel zu groß und ausgedehnt, als daß man sie genießen könnte. Da sie aber ganz von der Majestät Seiner Glorie erfüllt ist, der darin wohnt, und die Güte des Herrn die Welt erfüllt und Seine Weisheit überall in ihr und um sie aufscheint und sie von einer unendlichen Zahl von Dienstbarkeiten überfließt, brauchen wir nur offene Augen, um hingerissen zu sein wie die Cherubime. Wir vermögen sehr wohl die Größe der Welt zu ertragen, da sie unsere Vorratskammer und unser Schatzhaus ist. Daß unsere Schätze endlos sein sollen, ist eine glückliche Unbequemlichkeit: daß alle Bereiche gefüllt sein sollen mit Freuden und der Raum, in den sie hineingesetzt sind, unendlich.

38

Du erfreust dich der Welt niemals richtig, solange du nicht alle Dinge darin so vollständig als dein Eigentum ansiehst, daß du sie irgendwie anders nicht wünschen kannst, und solange du nicht überzeugt bist, daß dir alle Dinge am besten auf ihrem angemessenen Platz dienen. Kannst du denn wünschen, irgend etwas auf bessere Weise zu genießen als im Abbild Gottes? Es ist die Höhe von Gottes Vollkommenheit, die seine Güte verhüllt. Und die Niedrigkeit deines einfachen und dahinschleichenden Geistes ist es, die dich ob Seiner Vollkommenheit in Unwissenheit hält. (Jeder trägt einen Geist in sich, über den er ärgerlich sein kann). Gottes Güte ist so vollkommen, daß er alle Dinge auf die beste Art gibt. So macht Er nämlich die Beschenkten so edel, göttlich und ruhmreich, daß sie sich der Ähnlichkeit mit ihm erfreuen. Es ist auch nicht möglich, daß sie für den Genuß seiner Gegenwart tauglich oder in Vereinigung mit Ihm sind, wenn sie nicht wahrhaft göttlich und edel sind. Du mußt also in deine Natur wunderbare Grundsätze eingepflanzt haben; ein klarsichtiges Auge, das weitab sehen kann, ein großes und großzügiges Herz, fähig, sich über jede Entfernung hinweg zu freuen, eine gute und unbefangene Seele, geneigt, sich an der Glückseligkeit aller zu entzücken, und ein unendliches Vergnügen, ihr Hort zu sein. Es ist auch kein Schaden für dich, daß dies erforderlich ist. Es ist nämlich ein großer Unterschied zwischen einem Wurm und einem Cherub. Und es ist wichtiger für dich, ein bedeutendes Geschöpf, als im Besitz der ganzen Welt zu sein.

39

Deine Freude ist niemals die rechte, solange du nicht jede Menschenseele so hoch veranschlagst, wie unser Erretter es tut. Und Gottes Gesetze sind süßer als Honig und Wabe, weil sie dir befehlen, alle auf so vollkommene Weise zu lieben. Denn auf welche Weise sind sie Schätze Gottes? Sind sie nicht die Reichtümer Seiner Liebe? Ist es nicht Seine Güte, die ihn für sie so köstlich macht? Kann die Sonne oder können die Sterne Ihm auf irgendeine andere Art dienen, als indem sie ihnen nützlich sind? Und wie anders kannst du Gottes Sohn sein als durch den Besitz einer großen Seele, die der deines Vaters gleicht? Die Gesetze Gottes befehlen dir, in Seinem Ebenbild zu leben – und das zu tun heißt, im Himmel zu leben. Gott befiehlt dir, alle so wie Ihn zu lieben, denn Er möchte dich zu Seinem Sohne haben, möchte, daß alle andern deine Reichtümer seien und du herrlich vor ihnen, daß alle Geschöpfe, indem sie ihnen dienen, deine Schätze sind, während du Seine Lust bist, schön wie Er und der Liebling an Seiner Brust.

40

Sokrates pflegte zu sagen, daß jene am glücklichsten und den Göttern am nächsten seien, die nichts brauchten. Und als er einst auf den Markt Athens kam, fragten ihn die Händler: »Was willst du kaufen, was fehlt dir?« Nachdem er gravitätisch in die Mitte geschritten war, streckte er die Hände vor, wendete sich herum und sagte: »Gute Götter, wer hätte gedacht, daß es so viele Dinge auf der Welt gibt, die ich nicht haben will.« Und er verließ den Platz unter dem Grollen der Mitwelt. Er pflegte zu sagen, daß Glückseligkeit nicht im Besitz von vielerlei bestünde, sondern im Nötighaben der wenigsten Dinge. Die Götter nämlich bedürften überhaupt nichts, und diejenigen seien ihnen am ähnlichsten, die am wenigsten nötig hätten. Wir mußten den Himmel und die Erde, unsere Sinne, solche Seelen und solche Körper haben, um mit unendlichen Reichtümern im Ebenbilde Gottes erfreut zu werden, welche Gott in seiner Gnade frei zubereitet hat. Jene sind am glücklichsten, welche im Genuß jener Reichtümer so leben, daß sie keiner unwesentlichen und nebensächlichen Dinge mehr bedürfen. Keine Pracht, kein Gepränge und keine Nichtigkeiten. Sokrates, da er ein Heide war, wußte wohl nicht, daß alle Dinge für den Menschen aus Gott hervorgehen und über den Menschen zu Gott zurückkehren; aber wir, die wir's wissen, haben alle Dinge so zu gebrauchen, wie es Gott tut: sie mit Freude empfangen und in seinem Abbild leben.

41
So wie Gemälde ihre Eigentümlichkeit durch Lichter und Schatten erhalten und ohne Schatten nicht auskommen können, so ist die Seligkeit aus Bedürfnissen und Erfüllungen zusammengesetzt, ohne welche Mischung keine Glückseligkeit sein könnte. Wenn es keine Mängel gäbe, würden die Bedürfnisse nach sich selbst verlangen und Erfüllungen wären überflüssig: Mangel ist der Vater des himmlischen Schatzes. Es ist sehr seltsam; der Mangel selbst ist ein Schatz im Himmel, und zwar ein so großer, daß es ohne ihn überhaupt keinen Schatz gäbe. Gott hat Unendliches für uns getan, als er uns mit einem Verlangen schuf, wie Götter es haben, auf daß wir wie Götter befriedigt würden. Die heidnischen Götter wollten nichts und waren deshalb unglücklich; hatten sie doch kein Sein. Aber der Herrgott Israels, der lebendige und wahre Gott war seit aller Ewigkeit, und von aller Ewigkeit her trug Er ein Verlangen wie ein Gott. Ihn verlangte, Sein göttliches Wesen mitzuteilen und nach Menschen, die sich dessen er-

freuen. Er verlangte nach Welten, Er wünschte Zuschauer, Er wünschte Freuden, Er wünschte Schätze. Er wünschte, aber doch auch wünschte Er nicht, denn Er hatte sie.

42

Dies ist sehr merkwürdig, daß Gott begehren sollte, denn in Ihm ist die Fülle aller Glückseligkeit: Er fließt ewiglich davon über. Sein Begehr ist so herrlich wie unendlich; makellose Bedürfnisse, die in Seinem Wesen liegen, und immer geheiligt, weil stets erfüllt. Von Ewigkeit her ist Er voll von Begehren, wäre Er doch sonst nicht voll des Reichtums. Unendliches Ersehnen ist gerade der Grund und die Ursache von unendlichem Reichtum. Das ist unglaublich, aber doch sehr klar. Begehren ist die Quelle Seiner ganzen Fülle. Gottes Begehren ist ein Schatz für uns. Denn wäre es ihm kein Bedürfnis gewesen, so hätte Er die Welt nicht erschaffen, noch auch uns, noch auch Seine Weisheit verwirklicht, noch auch Seine Macht ausgeübt, nicht die Ewigkeit verschönert, noch die himmlischen Freuden zubereitet. Aber Er wollte Engel und Menschen, Abbilder, Gefährten. Und diese hat Er von Ewigkeit her.

43

Unendliche Bedürfnisse erzeugen, befriedigt, unendliche Freuden; und im Besitze solcher Freuden liegen selbst wieder unendliche Freuden. Das befriedigte Begehren ist ein Baum des Lebens. Das Ersehnen holt Abwesendes herein und schafft ein Verlangen nach dem nicht Vorhandenen. Gott war nie ohne diesen Baum des Lebens. Er wünschte tatsächlich unendlich, doch war Er nie ohne die Früchte dieses Baumes, welche die von ihm erzeugten Freuden sind. Ich muß dich hier heraus in andre Welten führen, damit du deine

Wünsche kennenlernst. Denn ehe du diese nicht findest, wirst du niemals glücklich sein. Sehnsüchte selbst sind geweihte Gelegenheiten und Mittel zur Glückseligkeit.

Gerhard Döring

Freudige Begeisterung

Alles Herzeleid wirf hinaus, so daß in deinem Herzen nichts als
stete Freude sei. So denn ist das Kind geboren.

Meister Eckehart

Literarische Ortsbestimmung

Die Inseln im Nordwesten Europas waren von alters her Stätten einer wachen und vorausschauenden Geistigkeit. Von dort brachten Boten ein undogmatisches und lichtvolles Christentum zum Kontinent, lange bevor Rom andere Bahnen vorzeichnete. Alte Quellen berichten, daß in einigen keltischen Regionen, vor allem in Irland, die neue Lehre wie etwas lang Erwartetes angenommen und von geistigen Führern dort der Sohnesgott als »Herr der Elemente« begrüßt worden war.

Im Mittelalter zierte die iroschottische Buchschreibekunst die Bibliotheken. Von England her wirkte aber mit dem Fortschreiten der Zeit auch der sezierende, starke Intellekt, etwa eines *Roger Bacon* und später eines *Baco von Verulam*. Deren Denkart bereitete entscheidend das naturwissenschaftlich rationale Weltbild vor. Diesem kamen in der Poesie der frühen Barockzeit Gedichte entgegen, die, breit angelegt, mehr aus der Gedanken- als der Gefühlssphäre hervorgingen und auch wohl »von des Gedankens Blässe angekränkelt« waren. Neben solchen vorenzyklopädisch anmutenden Gedichten entstand aber auch gedankentiefe, durchgeistigte Lyrik, wie wir sie auf dem Kontinent aus der schlesischen Dichterschule jener Zeit kennen. Die knappe und präzise englische Sprache gibt jedoch selbst den oft ausschweifenden Gedichten dieser Zeit einen eigenen, herben Reiz. Die Gedankenlyrik vor allem der Restaurationszeit – 1660 war das Königtum wiederhergestellt worden –, ist sichtlich Ausdruck einer angebrochenen neuen Zeit, die Rudolf Steiner das Bewußtseinsseelenzeitalter nennt. Wir stehen noch in dieser Zeit, und so kann es geschehen, daß auch nach Jahrhunderten solch frühe Zeugnisse unvermittelt »Mode« werden, wie dies in unserem Jahrhundert z. B. mit den Versen des als einer der »metaphysischen« Dichter geltenden, gelehrten Rektors von St. Paul, *John Donne* (1572–1631), geschah. Oder es geschieht, daß in großer Not ein Gedicht von *George Herbert* (1593 – 1633) einen Menschen wie Simone Weil ins Herz trifft und ihr ein Christuserlebnis vermittelt.

So wie manche Bäche unterirdisch fließen und weit entfernt von dem Ort ihres Verschwindens wieder hervorkommen, so sprechen bestimmte geistige Strömungen, wenn ihre Zeit gekommen ist, spätere Generationen an, und das auch wenn, oder gerade wenn sie in der Wüste der heute oft mehr gestammelten, ungereimten Lyrik altmodisch Gereimtes und streng Geformtes anlanden.

Aber auch äußere Umstände bewirken zuweilen, daß ein Stück Literatur erst nach recht langer Zeit wieder in Erscheinung tritt. Ein ungewöhnliches Beispiel dafür sind die 37 Gedichte und ein Meditationsmanuskript des englischen Theologen und Gelehrten *Thomas Traherne*. Sein Name rückte, nach der Auffindung der Texte und der späteren zweifelsfreien Identifikation des bis dahin fast unbekannten Autors, zu Beginn des 20. Jahrhunderts in die Reihe der großen Namen der englischen Literatur auf. Vor allem das entdeckte Prosamanuskript der »Centuries of Meditations« begründete diesen Ruhm.

Die erstaunliche Geschichte dieses ersten Fundes durch *Bertram Dobell* wurde schon von Ernst Lehrs erzählt. Zu ergänzen bleibt aus neuerer Sicht nicht weniger Ungewöhnliches: Den 37 von Dobell entdeckten Gedichten folgten bald aus einem neuen Manuskriptfund 40 weitere »Gedichte der Glückseligkeit«. Diese wurden von Thomas' Bruder Philip – ebenfalls Kleriker – stellenweise heillos sinnverwandelnd verändert. Etwa in jede dritte Zeile griff Philip ein. Eine ähnliche Anzahl von Gedichten, das weiß man, ist bis heute verschollen. Einige zusätzliche Originalgedichte enthält das Prosawerk. Etwas später folgten noch einmal Entdeckungen einiger unbekannter oder bislang unbeachteter religiöser Prosaschriften Thomas Trahernes. Alle Texte heben sich wegen ihrer freien Theologie, ihrer durchgeistigten Sicht auf das Menschenwesen und die Welt und vor allem durch die freudige Heilsgewißheit eines erlösten Menschen von anderen Schriften der damaligen Zeit deutlich ab.

Seltsam berührt die Dramatik ihrer Auffindung. Zu Trahernes Zeit waren die Scheiterhaufen für Ketzer zwar eben erloschen, aber vor allem bei der überraschenden Entdeckung von »Ausgewählte Meditationen« 1964 und der Rettung des Manuskripts »Kommentare über den Himmel« direkt von einem brennenden Abfallhaufen im Jahre 1967 kann man doch die Spuren eines Geisteskampfes wahrnehmen. Die Autorschaft Trahernes wurde im letzteren Fall ebenfalls spät, nämlich erst im Jahre 1982 gesichert. Auch dieses noch unerschlossene Manuskript will zeigen, daß »alle Dinge ... Objekte der Glückseligkeit« sind (Traherne arbeitete bis zu seinem Tode daran). – Wer hier das Eingreifen geistiger Kräfte als Möglichkeit gelten läßt, kann sich Gedanken über die Hintergründe dieser Textgeschichte machen. Schon Thomas' Bruder versuchte durch einige seiner vielen Änderungen, die ihm wohl ketzerisch erscheinende Theologie in den Gedichten auf ein amtskonformes Maß zu stutzen. Offenbar war aber auch die Zeit, die sich zunehmend rein rational und materialistisch orientierte, für solche Botschaften nicht aufnahmebereit. Es bedarf wohl gewisser geistiger Dispositionen, um Thomas' Erlebnisse und Bewußtseinslage verstehen zu können.

Einige Literaturkritiker des frühen 20. Jahrhunderts glaubten Traherne, wegen seines strahlenden und heiteren Wesens, das keine Spur von Erbschuldbewußtsein und Zerknirschung zeigt, und seiner Hinwendung zum frühen Kindesalter, schlicht als naiv und oberflächlich einstufen zu müssen; glückselige Menschen sind heute verdächtig.

Ein kurzes Leben

Abgesehen von einigen wenigen dokumentierten Daten ist man bezüglich der Biographie Trahernes auf Andeutungen in seinen Werken angewiesen. Selbst das mehr seiner inneren Entwicklung gewidmete dritte »Century« ist nur sehr verhalten biographisch. Man weiß z.B. nicht, wann und wodurch der frühe Tod seiner Eltern eintrat, was die Kinder – Thomas war der ältere der Brüder – in dem Bürgerkrieg (Parlament gegen den Stuart-König Charles I), der jene Gegend an der Grenze zu Wales so sehr bedrängte, erlebten, wer ihre Mutter war und woran Traherne so früh starb.

Er muß ein ungewöhnliches Kind gewesen sein, denn im dritten »Century« sagt er, daß er schon mit etwa vier Jahren voller Gedanken über Gott, den Wert der Dinge und das, was eigentlich die Welt im Raume trägt, war. Zu dieser Zeit waren seine Schauungen allerdings, unter den Einwirkungen der Erwachsenenwelt, schon erloschen.

Eine indirekte Folge seiner frühen Visionen muß es gewesen sein, daß der Knabe beim Anblick spiegelnder Wasserflächen die sehr lebhafte und als real empfundene Vorstellung einer zweiten, hinter dieser Fläche liegenden, abgrundtiefen Gegenwelt bildete – ein Phänomen, das er, wie einige Gedichte zeigen, mit dem Bruder Philip erörtert haben muß.

Krieg, Gewalt und Verbrechen scheinen für ihn so wenig ein Thema für Dichtung gewesen zu sein, daß sie in seinen Werken kaum vorkommen. Seine Schriften sind ein einziger großer Lobgesang; ihr jahrhundertelanges Untertauchen hat sie vor manchem bewahrt. Wie hatte doch z.B. ein Voltaire die »beste aller Welten« verspottet.

Berichte über neuentdeckte Länder in Übersee lösten beim jungen Thomas eine Sehnsucht nach etwas Kostbarem aus, das er einst verlor und das nun jenseits des Meeres auf ihn wartete. In seinen Schriften preist er denn auch, lange vor Rousseau und Seume, die Indianer als selige, nicht von den »customs« verdorbene, wahre Menschen, wie Adam im Paradies einer war.

Hat Traherne seine Lebenskraft zu rasch aufgebraucht? War er durch Weltanschauung und Lebensweise ein weltabgeschiedener, lebensuntüchtiger, wenngleich gebildeter Naiver? – Alle Zeugnisse seiner Mitwelt über ihn zeigen ihn als fröhlichen, liebevoll aufgeschlossenen und erlöst wirkenden, priesterlichen Menschen und Gottesfreund. Auch neben seinem Amt und seinem literarischen Engagement soll er stets hilfsbereit und ungewöhnlich eifrig für die Menschen seiner Umgebung tätig gewesen sein. Das bezeugen das anonyme Vorwort zu seinem, lange nach seinem

Tod anonym erschienenen, von der Adressatin der »Centuries« veranlaßten Buch »Danksagungen«, außerdem der Brief eines Hereforder Graduierten des Balliol-Colleges sowie der eines Studienfreundes.

Weder Traherne noch die Erben seiner Werke trieb literarischer Ehrgeiz zu einer Veröffentlichung. Zu seinen Lebzeiten erschien so nur, ebenfalls anonym, sein im Dienste des Lordsiegelbewahrers Sir Orlando Bridgeman verfaßtes, seinerzeit brisantes, für die königlichen Prinzen bestimmtes Buch »Römische Betrügereien«. Dies handelt von Vorgängen wie die 1440 als Fälschung entlarvte »Konstantinische Schenkung«, welche bekanntlich der Machterweiterung und Bereicherung der jungen römischen Staatskirche nach Konstantin dem Großen diente.

Ein posthum 1675 erschienenes Büchlein »Christian Ethics« (das einige zur späteren Identifizierung des Autors der Dobell-Gedichte entscheidende Gedichtzeilen enthält) hatte Traherne noch für den Druck durchgesehen. Er hatte auch noch aus seiner Gedichtmappe, aus welcher auch später Philip schöpfte, die Dobell-Gedichtreihe zusammengestellt. Dann löste der Tod die Menschengemeinschaft auf: Traherne folgte seinem Brotgeber wenige Monate nach dessen Tod, 37jährig.

»Und was kein Verstand der Verständigen sieht ...«

Schicksalsmächte haben viel zu tun, jene poetische Flaschenpost eines vor über 300 Jahren verstorbenen Mystikers, gerade dem aufgeklärten 20. Jahrhundert zuzuspielen; zumal ihr Absender ein »Glückseliger« ist, einer, der ein besonderes Wissen besitzt, das in seiner Fähigkeit gründet, das eigene Dasein in seiner

Lichtfülle vor dem Einzug in die Körperlichkeit zu erfahren. Endlich gerät diese Sendung eines Großen in die Hände von Fachleuten, an die er indirekt auch die Frage eines unendlich viel Größeren richtet: »Und was glaubt ihr, wer ich sei?«

Die Antwort auf diese Frage ist für die Beurteilung der Botschaft ebenso bedeutsam wie die ganz andere Frage, ob die Ideen objektive Wirklichkeit seien. In beiden Fällen besteht, wie Ernst Lehrs das bezüglich der Ideen so treffend ausgeführt hat, ein tiefinnerer Zusammenhang mit der Wertung des Kindheitszustandes und damit mit der Herkunft der menschlichen Seele.

In diesem Zusammenhang läßt sich ein Vergleich zwischen Trahernes Wissen um das noch von aller Erfahrung unberührte Kindheitsdasein und dem Phänomen Kaspar Hauser wagen. Bei *Kaspar Hauser,* dem »Kind von Europa«, besteht heute kein Zweifel mehr darüber, daß er ab dem Kleinkindalter in völliger Abgeschiedenheit gewaltsam von dem ferngehalten wurde, was Traherne als erinnerungszerstörende Einflüsse der Welt erkennt, nämlich menschliche Gepflogenheiten, die Sprache und die Werteskala der Erwachsenen. In Vers und Prosa versichert er immer wieder, daß mit dem Erwerb dieser Dinge die Schau zurück zum leibfreien Zustand verlorengeht. Und sie bleibt verloren, wenn nicht durch meditierendes Denken gezielt eine Neugewinnung versucht wird, worum ernstlich zu bitten der Autor des ersten »Century« rät. Kaspar Hauser hätte also – welche Ironie des Schicksals – insoweit die Voraussetzungen für die Schau zurück gehabt, bevor die »geschäftige Welt« über ihn hereinbrach. Da rührt die Tatsache merkwürdig an, daß jenes Verlieskind nach seinen Aussagen jahrelang von zwei Holzpferdchen begleitet wurde, die ihm als die einzige Brücke zur Welt, als Trost und Ansprechobjekt gegeben waren, während nun Traherne in seinem Gedicht »Der Abfall«, gleichsam als Repräsentanten der Gegengaben der Welt für die Hingabe der kindlichen Vision, ausgerechnet Holzpferde, Steckenpferde nennt.

Es ist gewiß kein Zufall, daß angesichts der wenigen belegbaren Fakten sowohl Traherne wie auch Kaspar Hauser wie Scheidewässer wirken, welche die mit ihnen Befaßten in zwei Gruppen polarisieren: nämlich in eine vornehmlich skeptische, rational argumentierende Verneinergruppe (»Kaspar Hauser, ein Betrüger«) und eine oft intuitiv, aber »beherzt« urteilende Gruppe, die jenen von Traherne als real erkannten und von Kaspar Hauser anfangs noch abgedämpft der staunenden Welt vorgelebten Kindheitszustand als wirklich erfährt. Es kann auch kein Zweifel darüber bestehen, daß entsprechend dieser Entscheidung die Sicht von Welt und Mensch, das Handeln in der Welt und der Umgang mit den Mitmenschen vornehmlich in Pädagogik, Kunst, Kultur und auch in der Politik und im Sozialen entscheidend beeinflußt wird.

Die Rezeption Trahernes

Die Kommentare zu dem literarisch-theologischen Fremdling Traherne bieten ein interessantes Diagramm der Bewußtseinslage in der Geisteswissenschaft des 20. Jahrhunderts. Erst gegen Ende des Jahrhunderts zeigen sich hier eigenständigere Ansätze, die Trahernes Sonderstellung gerecht zu werden suchen.

Zunächst erschließen Fachleute wie der besonders dankeswürdige *H. M. Margoliouth* die Texte und suchen nach den Quellen, aus denen Traherne seine Ergebnisse bezogen haben könnte. Dies reicht jedoch, wie Ernst Lehrs schon zeigte, im Falle Trahernes nicht aus. Es genügt nicht, die vom Autor immer wieder herausgestellten Erlebnisse vom Mutterleib an bis zum dritten Lebensjahr mit dem »heiligen Rohr« zu messen und sie auf jene Metaphorik zu reduzieren, die in der englischen Poesie des Frühbarock nun eben häufig vorkam.

Auch die so verdienstvolle *Gladys I. Wade*, die 1944 Trahernes Leben rekonstruiert hatte, war hier nicht weitergekommen. Zwar änderte sie nichts an den Aussagen Trahernes, wie es dessen Bruder Philip tat, doch so manche, gerade auf die Art und Realität der kindlichen Erlebnisse zielende Zeile der Gedichte läßt sie einfach weg.

Noch früher, in den dreißiger Jahren hatte *Douglas Bush* Trahern in seinem Buch »Englische Literatur im frühen 17. Jahrhundert« fast feindselig u. a. folgendes bescheinigt: Unreife als Christ und Philosoph, deistische Sentimentalität, undisziplinierte Qualität der Gedichte, Monotonie und emotionaler Optimismus.

E. Standop und *E. Meitner* sehen dann in ihrer Englischen Literaturgeschichte (4. Aufl. 1983) – die erhellende Arbeit von Ernst Lehrs hatte, wohl weil sie bei anderer Thematik Traherne nur wenig Raum widmete, die Fachwelt nicht erreicht – bei Thomas Traherne lediglich eine Steigerung des Mystizismus seines »Vorgängers« George Herbert und dessen Schülers Henry Vaughan, wobei Traherne sich angeblich mehr durch seine fast kindlich anmutende Sicht von Gott und Welt auszeichne als durch Beherrschung dichterischer Mittel.

Nun, gegen Ende des Jahrhunderts, urteilt man verständiger. In seinem 1980 erschienenen Büchlein »Thomas Traherne, Selected Writings« setzt sich der Poetikspezialist *Dick Davis* für die Verse Trahernes ein und belegt deren Kunst und hohen Rang sogar im Vergleich zu denjenigen Herberts oder Vaughans durch Beispiele. Auch habe ein Autor das Recht, nach seinen besseren Gedichten beurteilt zu werden, und diese zeigten bei Traherne in Form und Rhythmus große Meisterschaft, selbst wenn sie, so gesteht er zu, auch geübte englische Leser ob ihrer vielen Auslassungszeichen und gewagten Sprünge nicht ohne hohe Fehlergefahr lesen könnten.

Malcolm M. Day von der Universität Indiana bezeichnet kurz darauf in seinem fundierten Buch »Thomas Traherne, Selected Poems und Prose« von 1982 diesen, nicht ohne etwas Skepsis, als einen »Sprecher für die Glückseligkeit«. Day erkennt, daß die Sicht Trahernes, den er auch »bewundernswert vernünftig wie prophetisch« nennt, kosmisch ist, daß er »alles zeitliche Geschehen im Lichte der Ewigkeit« wahrnimmt und daß alles »Zeitliche nie seinen Blick für das viel größere Wunder der Schöpfung und der göttlichen Gegenwart hinter jeder Existenz« trübte. Neben den offensichtlichen Einflüssen der Schriften des alten Hermes Trismegistos und des Neuplatonikers Plotin sowie italienischer Renaissance-Platoniker und der romfreien platonischen Cambridger Schule stehe Traherne aber den deutschen Mystikern Meister Eckehart, Tauler, Nicolaus von Cues und dem iroschottischen »Ketzer« Pelagius näher.

Aufschlußreich in diesem wie in den meisten einschlägig kommentierenden Kompendien sind Vergleiche von Reihenfolge und Inhalten der uns überkommenen beiden Gedichtreihen, da sich hieraus Schlüsse auf den inneren Weg des Dichters ergeben. Das Arrangement des Bruders Philip schließt danach mit mehr gegenständlich-erzählenden, das originale mit mehr gedanklich-metaphysischen Titeln. An den Schluß stellt

Traherne das Gedicht »Goodness« (Güte),[1] das, so Day, eine Besonderheit darstelle: In Bildern von schwellenden Beeren, weichen Lippen und harmonisch tönenden Zungen werde dort die Kommunion von Seelen gefeiert.

Der Herausgeber von Trahernes gut und ausführlich kommentierten »Selected Poems and Prose« (London 1991), *Alan Bradford*, hält ein Urteil zum Standort Trahernes zurück, liefert aber die Gedichtreihen getrennt und beurteilt die Philip-Änderungen klar. Auch wird hier die unbeschränkte Macht des menschlichen Geistes hervorgehoben, die Erwachsene wieder zum Wunder und der Einfachheit des Kindes zurückführen könne.

Versagt hat sich die Fachwelt, die ja nur schriftlich Belegtes gelten lassen darf, bei all ihren Verdiensten den Gedanken, daß im mystischen Bereich Ähnlichkeiten zu früheren Quellen ja auch durch gleichartige Erlebnisse verursacht sein könnten.

Der innere Lebenslauf, den Gedichten abgelauscht

Traherne ist den aus frühesten Kindheitszuständen fließenden Quellen der Inspiration sicher näher gekommen als seine dichtenden Zeitgenossen. Natürlich kannte und schätzte er letztere. Nicht von ungefähr beginnt er wie *Henry Vaughan* ein bedeutendes Gedicht recht ungewöhnlich mit dem Wort »Shure«, und sicherlich besingt auch Vaughan in dem seiner frühen Kindheit gewidmeten Gedicht »The Retreat« ähnliche Erlebnisse. Aber während hier bei Vaughan ein großer Abstand besteht, pulsiert bei Traherne Unmittelbarkeit; bei ersterem sind es die »Schatten der Ewigkeit«, wo letzterer sich eine Lichtfülle bewahrt hat. Metaphern wie »Perle«, »Kirchenfenster« oder ein »Glas voller Gnaden«, um welche Gedichte von Zeitgenossen kreisen, fehlen bei Traherne fast völlig. Seine in der Ich-Form und oft fast atemlos vorgebrachten inneren Erlebnisberichte treffen ins Herz; einige klingen wie von weit her und endgültig. Dabei bleiben viele seiner Gedichte am Ende abrupt offen. Traherne ist ein Meister darin, im Leser einen gedankenerfüllten Nachhall zu erzeugen – wie ein abbrechender Schlußakkord in einem Dom. Seine Vision ist so glaubhaft wie das Ostererlebnis des *Novalis*. Wer ein solches Schlüsselerlebnis hat, bei dem sind »die Lichter umgestellt« (Manfred Kyber), und er spricht – wenn überhaupt noch – eine Sprache, die ihn voll legitimiert. »Konstruierte« Hymnen richten sich im Laufe der Zeit selbst.

Es ist wohl nicht falsch, bei der Frage, warum dem Dichter die Erinnerung an sein Paradiesesbewußtsein als Kleinkind gegeben ist, ein leidvolles früheres Erdenleben in Betracht zu ziehen. Einen wiedergeborenen Hiob z.B. könnte man sich füglich so heiter und dankbar denken.

Es sind aber auch Festkleider, in denen Trahernes Gedanken zu uns kommen. Bei spiritueller Lyrik wie der seinen ist die Dreiheit der Süße des Reims, der Strenge des Rhythmus und der Tiefe des Gedankens besonders geeignet, Ohren aufzutun und Wahrheiten zu vermitteln. Trahernes Verse kommen aus einem inneren Reichtum. Natürlich reflektiert er innerlich wahrgenommene Inhalte mit den Werkzeugen seines Denkens, in das seine Bildung und auch seine persönlichen Neigungen eingeflossen sind. Wohl lebt er in der Gedankenwelt Platos, welche die Präexistenz der Seele und die Realität der Ideen einschloß. Diese überlieferte Gedankenfülle reicht aber nicht aus, um den bewegenden Dreiklang der Gedichte Trahernes zu erklären.

Andererseits, so könnte man empfinden, fehlt der Tiefe und Klarheit seiner schönen Prosa in den »Centuries« eine Dimension, welche geistige Inhalte auf anderen Wegen vermitteln kann und die »fremde, luftige Gestalt« der Vision aus dem Alltäglichen heraushebt, nämlich die tänzerisch-rhythmische. Seine besten Gedichte aber können sich auch neben den schönen Versen seines, das »verlorene« Paradies besingenden, genialen Zeitgenossen *John Milton* hören lassen.

Auf seinem inneren Lebensweg folgt jener ersten absoluten Seligkeit der rasch fortschreitende Verlust aller früheren Möglichkeiten. Er empfindet diesen Einfluß der Erwachsenenwelt mit ihrer Denk- und Bewertungsweise wie den Einbruch eines Feindes in eine feste Burg, wie er es in dem Gedicht »Dumbness« ausdrückt. Die Wertschätzung von Flitterkram (»tinsel«), selbst von Spielzeug, und natürlich das Bewußtsein von Geldwert und Besitzverhältnissen korrumpieren das kindlich-engelhafte Wesen nachhaltig.

Diese Ernüchterung und Umwertung mündet bei dem jungen Traherne in eine geradezu modern anmutende Verlassenheits- und Sehnsuchtsphase. Uns Heutigen spricht daher das schöne Gedicht »Einsamkeit«, wenn es auch nur in der »säkularisierten« Fassung Philips vorliegt, besonders aus der Seele; da können wir mitreden. Der Knabe Thomas hat hier außerdem noch die besonders quälende Gewißheit, etwas sehr Wertvolles verloren zu haben, er hat den Becher Lethe mit dem Älterwerden nicht ganz ausgetrunken. »Wie auf Flügelschlägen« (Rilke) kommt ihm aber auch Trost zu. Das Gedicht »Über Neuigkeiten« berichtet, knapp und lakonisch beginnend, wie eine frohe Botschaft von fern her sein ganzes Innere alarmiert, wie sie die Seele zur Pforte des Ohrs ruft (das Gehör ist ja auch bei Sterbenden der am längsten intakte Sinn), wie dann der Intellekt den Begriff eines Schatzes in Übersee dafür findet und der Verstand das Geistig-Seelische und dessen ungeahnte Möglichkeiten wieder nicht fassen kann.

Schließlich wird mühevoll die nun sichtlich mehr denkerisch und bewußtseinsmäßig durchdrungene alte Seligkeit wiedererlangt. In den »Centuries« sagt Traherne, daß dem vor allem die Beschäftigung mit der Bibel, insbesondere den Psalmen Davids, zugrunde lag. Wie dies gelang, kann bei einem Verfasser mehrerer Meditationsbücher nicht zweifelhaft sein, dessen Gedicht »Dumbness« so beginnt:

Shure man was born to meditate on things
And to contemplate the eternal springs.

Der Mensch soll ob den Dingen meditieren,
Betrachtend nach den ew'gen Quellen spüren.

Allein den Gedanken – »Thoughts« – hat Traherne, der deren lebendige Aktivität sehr früh erleben konnte, bezeichnenderweise mehrere Gedichte gewidmet.[2] Eine Stufe auf dem »Rückweg nach vorn« deutet das Gedicht »Die Rückkehr« an, und schließlich verkündet das jubelnde »Hosanna« im Präsens und in der Ich-Form, durch Wiederholungen bekräftigend, die neu errungenen »Erreichnisse«, die in der Communio des Gedichts »Goodness« kulminieren, wobei die Menschengemeinschaft einbezogen ist.

Zu den im Englischsprachigen bekannteren Gedichten zählen noch die scheinbar vordergründigen, von Philip anderen vorgezogenen Gedichte wie »Schatten im Wasser« und »Hüpfen über den Mond«. Nicht zuletzt diese hatten Trahernes Ruf als Naiver mitbegründet, schildern sie doch Vorstellungen, wie sie in dem kleinen Thomas beim Anblick der Spiegelbilder in Pfützen und Gewässern aufstiegen. Doch sollte man sich der Vordergründigkeit jener liebenswürdigen Verse, die z.B. sehr eindrucksvoll von einem Flugerlebnis berichten, nicht allzu sicher sein: Der große Ernst dieser Gedichte und ihrer zwischen den Zeilen aufscheinenden Gedanken sollte eigentlich auch sogenannte kritische Geister belehren, daß Traherne solche Verse nicht lediglich über die banale Parabel »Knabe vor einer Pfütze« schrieb. Außerdem ist die Welt hinter dem Spiegel im Märchen, aber auch in der Literatur oft ein Bild für eine andere Welt; und von Alice, dem Mädchen in der Spiegelwelt, über den Hofmannschen General, der alle Spiegel verhängen ließ, bis hin zur Dame Tod in dem existentialistischen Filmklassiker der fünfziger Jahre, »Orphée«, führt das Eintauchen in das Spiegelbild immer durch das eigene Ich.

Mit den Augen eines Engels sehen

Wir haben allen Grund, Trahernes Gedichte – mit denen er ja zu Lebzeiten niemanden von irgend etwas überzeugen wollte – ernst zu nehmen. Die Ankunft auf der Erde, dem »Jammertal«, vollzieht sich für ihn, der alles »wie ein Engel« sieht, in einem Lichtglanz, der ihn als »Sohn und Freund Gottes« bestätigt. In diesem Paradies wird wertlos Scheinendes (Sand, Erde, Luft) als sehr wertvoll empfunden. Jedes Menschengesicht erscheint »lieb und fein«, und der geistige Mensch begrüßt die von einem Gott zubereitete Leiblichkeit mit zärtlichem Dank und großer Freude. Das Seelisch-Geistige, in dem das Ich wohnt, wird als eine Art unendliche und doch eine Mitte besitzende Kugel oder Sphäre empfunden, die ein Sehorgan darstellt, das noch im

Fernsten wirksam ist. Die Objekte erscheinen in diesem als Aktives Ich-Wesen erlebten Organ als lebendig Tätiges, als Akt. Sie werden als Eigenwesen empfunden, als lebendige Gedanken, die zu ihm sprechen; doch auch selbst kann das Organ diese Dinge sein. Das Geistig-Seelische zählt zur Natur, das Innere wird zum Äußeren und das Äußere zum Inneren. Alle Objekte werden als Eigentum empfunden, »wenn man sie (liebend) hochschätzt«. Es wird erlebt, daß dieser Akt unmittelbar der Gottheit nahe ist.

Der Dichter sieht sehr wohl das Paradoxe eines solchen mit Worten ausgedrückten Zustands. Mitten in dem Schicksalsgedicht »My Spirit« (Mein Geist)[3] sagt er, gleichsam sich entschuldigend, er könne nicht sagen, ob denn die Objekte als lebendige Gedanken spontan in diesem Wahrnehmungsorgan entstanden seien oder ob sie, als schon in seinem Geist vorhanden, von seinem bereitwilligen Sinn jeweils zum Aufleuchten gebracht worden seien. Auch solche Einschübe sprechen für die Lauterkeit des Dichters.

Traherne erlebt offenbar aber auch eine Begrenzung, nämlich in der Zeitachse. In »My Spirit« spricht er, bei der Aussage über die Reichweite des Eigenwesens, einerseits eine räumliche Dimension an und wählt als Beispiele die Sonne und den fernsten Stern, andererseits interpretiert er diese Weite (»the utmost length«) in der anschließenden Klammerzeile (»So worthy was it to endure«) als Zeitgröße. Er erlebt aber auch den Raum als nichtig, ganz so wie etwa *Meister Eckehart*, der in einer seiner Predigten sagt: »Draußen stehen und drinnen, begreifen und ergriffen werden, schauen und das Geschaute selbst sein, halten und gehalten werden, das ist das Ziel, wo der Geist in Ruhe verharrt, der lieben Ewigkeit vereint.« Trahernes Erinnerung und seine Fähigkeit, sich in der Zeitebene nach rückwärts zu bewegen, reicht – so sagt das Gedicht »Die Begrüßung« – nur bis zu einem »Vorhang«. Über das, was davorliegt, sinnt er nach, und es ergeben sich, wie bei allen derartigen Beschränkungen, lediglich gewisse Ansätze, die mit unserem Denken noch faßbar sind.

Traherne nimmt zu der ihm zumindest als Plato-Kenner wohlbekannten Frage der wiederholten Erdenleben, soweit bekannt, nicht Stellung. Mit Sicherheit war ihm auch jene Zeile aus Henry Vaughans Kindheitsrückschau-Gedicht bekannt, in dem dieser sagt, er sei auf dieser Welt bei seiner Geburt zu seinem »zweiten Lauf vorbestimmt« gewesen. Bedeutsam erscheint aber, daß Traherne in »Die Begrüßung« die physischen Leibesglieder willkommen heißt, die lange tief unter Staub, als in einem Abgrund liegend empfunden wurden, daß er diese nun wiedererkennt und sie fragt, wo sie denn so lange verborgen waren. Wie die Kirchenväter, aber auch bedeutende Mystiker (Meister Eckehart setzt die Erschaffung der Seele 40 Tage nach der Konzeption an) empfindet er seinen Wesenskern als ein »Nichts von Ewigkeit her«, welches aber doch »wenig an solche Freuden dachte«, wie sie die physischen Leibesglieder dem Neuankömmling vermitteln. Daß im Deutschen im Wort »nichts« gleichzeitig das Wörtchen »ich« steckt und Goethe den Faust an bedeutsamer Stelle zum Widersachergeist sagen läßt, »… in deinem Nichts hoff' ich das All zu finden«, kann hier zu weitertragenden Überlegungen anregen.

Das sich selbst bewahrende Geheimnis

Meister Eckehart sagte einmal zu seinen philosophisch gewiß gut geschulten Zuhörern nach einer besonders schwer verständlichen Predigt, die an intimste seelisch-geistige Dinge rührte: »Wer diese Predigt verstanden hat, dem vergönne ich sie wohl. Wäre niemand hier gewesen, ich hätte sie diesem Opferstocke predigen müssen.« Gewisse Gedanken haben ihre Zeiten, zu denen sie ausgesprochen werden müssen, und so hat auch *Rudolf Steiner* zu Beginn unseres Jahrhunderts Inhalte an die Öffentlichkeit gebracht, die zuvor allein geheim weitergereicht wurden. Hier sei nur am Rande auf die Beziehung zwischen den Ausführungen Steiners, insbesondere in seinem grundlegenden Werk »Die Geheimwissenschaft im Umriß«, und Traherne, den er nicht kannte, hingewiesen.

Von Bedeutung sind hier vor allem Steiners Ausführungen zu Schlaf und Tod einerseits und Erinnern und Vergessen andererseits. Lange bevor die Grenzerfahrungen sogenannter Nahtoderlebnisse in großer Zahl publiziert wurden, hatte Rudolf Steiner bereits solche Vorgänge beschrieben und sie im Zusammenhang mit seinen Forschungen über das konkrete Verhältnis von Leib, Seele und Geist erklärt. Diese Untersuchungen basieren auf ausführlich dargelegten Methoden der Erkenntnis- oder Bewußtseinserweiterung, mit denen nicht allein Einblicke ins Nachtodliche, sondern auch »Erinnerungen« möglich werden, die über die Erinnerungsschwelle des Alltagsbewußtseins hinaus in die ersten Lebensjahre und sogar ins Vorgeburtliche führen. Trahernes dichterisch-visionäre Darstellungen von Bewußtseinserfahrungen außerhalb des physischen Leibes stimmen in vielen Zügen überraschend mit den Forschungen Rudolf Steiners überein, die in der Sprache des wissenschaftlichen Denkens von der Welt sprechen, in der wir lebten, ehe wir uns zu unserer derzeitigen Inkarnation mit der physischen Vererbungssubstanz unserer Eltern verbanden.

Von hier aus kann man sich vorstellen, daß dem erwachsenen Thomas Traherne beim gedankentief meditierenden Zurückgehen bis in die Lichtfülle bei seiner Geburt ein solcher Schritt über die gewöhnliche Erinnerungsschwelle gelungen ist. Sein Hilfsmittel könnten die schon zu einer anderen Zeit verinnerlichten Psalmen Davids gewesen sein, denen er ja im dritten »Century« die Wiedergewinnung seines kostbarsten Schatzes zuschreibt: die Rückerinnerung an jenes »göttliche Licht und die jungfräulichen Wahrnehmungen«, die das Beste in seinem Leben seien und durch die er das Weltall erblicken könne.

Novalis sagt in einem seiner Fragmente: »Jedes wahre Geheimnis muß die Profanen von selbst ausschließen.« Ein Merkmal vieler spirituell bedeutsamer Texte, zumal der Bibel, ist es, daß sie neben der allen verständlichen sinnfälligen Ebene mindestens eine weitere haben, die nur den dafür Vorbereiteten verständlich ist. Traherne widmet diesem Sachverhalt das Gedicht »Über die Bibel«.

Unsere Zeit neigt zur Profanierung von Heiligtümern. Trahernes Gedichte jedoch erscheinen vor plumper Popularisierung sicher, sie erfordern Denkarbeit, und ihre Geheimnisse sind von der Art, wie sie auch die Hymnen des Novalis enthalten. Wie nahe steht er doch diesem Geistesverwandten, der da sagt: »Das Äußere ist ein in den Geheimniszustand erhobenes Innere« und »Der Geist erscheint nur in fremder, luftiger Gestalt«.

Anmerkungen

Ernst Lehrs: Thomas Traherne – Mystiker des Gedankens und Künder des kosmischen Kindheitsbewußtseins

1 Der vorliegende Aufsatz stellt die leicht gekürzte Fassung der Ausführungen Ernst Lehrs über Traherne in seinem Buch *Der rosenkreuzerische Impuls im Leben und Werk von Joachim Jungius und Thomas Traherne* (Stuttgart 1962) dar.

2 Die folgenden Übersetzungen aus den »Centuries of Meditations« und den Gedichten Trahernes sind Übersetzungen von Ernst Lehrs, sie decken sich also nicht mit den in diesem Band folgenden von Gerhard Döring. Auch Lehrs gibt, in Auszügen, eine Übersetzung von »Wonder« und »The Preparative« (siehe S. 13 bzw. 37f). Hier bietet sich ein Vergleich zwischen dieser von Metrum und Reim des Originals absehenden, freieren Übertragung und der Trahernes Formen exakt wahrenden Dörings an (siehe S. 57 bzw. 63).

3 Gladys I. Wade: *Thomas Traherne*, Princeton, Princeton University Press, 1944.

4 Siehe das Kapitel »Joachim Jungius, der ›deutsche Bacon‹«, in: Ernst Lehrs: *Der rosenkreuzerische Impuls von Joachim Jungius und Thomas Traherne*, a. a. O.

5 Vgl. zum »Gottesfreund« Wilhelm Rath: *Der Gottesfreund vom Oberland*, 4. Aufl., Stuttgart 1985.

6 Vgl. das englische Original aus dem dritten »Century«: The corn was orient and immortal wheat, which never should be reaped, nor was ever sown. I thought it stood

from everlasting to everlasting. The dust and stones of the street were as precious as gold: the gates were at first the end of the world. The green trees when I saw them first through one of the gates transported and ravished me, their sweetness and unusual beauty made my heart to leap, and almost mad with extasy, they were such strange and wonderful things. The men! O what venerable and reverend creatures the aged seem! Immortal cherubims! And young men glittering and sparkling angels, and the maids strange seraphic pieces of life and beauty! Boys and girls tumbling in the street, and playing, were moving jewels. I knew not that they were born and should die. But all things abided eternally as they were in their proper places. Eternity was manifest in the light of the day, and something infinite behind everything appeared: which talked with my expectation and moved my desire. The city seemed to stand in Eden, or to be built in Heaven. The streets were mine, the temple was mine, the people were mine, their clothes and gold and silver were mine, as much as their sparkling eyes, fair skins and ruddy faces. The skies were mine, and so were the sun and moon and stars, and all the world was mine, and I the only spectator and enjoyer of it. I knew no churlish proprieties, nor bounds nor divisions; but all proprieties and divisions were mine: all treasures and the possessors of them. So that with much ado I was corrupted; and made to learn the dirty devices of the world. Which now I unlearn, and become as it were a little child again, that I may enter into the Kingdom of God.

7 Vgl. das englische Original aus dem zweiten »Century«:
The thought of the world whereby it is enjoyed is better than the world. So is the idea of it in the soul of man, better than the world in the esteem of God ... The world within you is an offering returned, which is infinitely more acceptable to God Almighty, since it came from Him that it might return to Him. Wherein the mystery is great. For God hath made you able to create worlds in your own mind which are more pre-

cious unto Him than those which He created ... Besides all which in its own nature also a thought of the world, or the world in a thought, is more excellent than the world, because it is spiritual and nearer unto God. The material world is dead and feeleth nothing, but this spiritual world, though it be invisible, hath all the dimensions, and is a divine and living being, the voluntary act of an obedient soul.

Hinweise des Übersetzers

1 Das Buch erschien auch auf deutsch: Ernst Lehrs, *Mensch und Materie*, Frankfurt 1953.
2 Die Übersetzung von »My Spirit« wurde in den vorliegenden Band nicht aufgenommen. Die Erstübersetzung ist abgedruckt in der Zeitschrift *Die Christengemeinschaft*, 3/92, S. 112ff.
3 Thomas Traherne, *Selected Poems and Prose*, hrsg. von Alan Bradford, London 1991.

Gerhard Döring: Freudige Begeisterung

1 Die hier erwähnten, aber in diesem Band nicht vorgelegten Gedichte finden sich in der kommentierten Ausgabe: Thomas Traherne, *Selected Poems and Prose*, hrsg. von Alan Bradford, London 1991.
2 Für den vorliegenden Band wurde das dritte Gedicht dieser Reihe ausgewählt, vgl. S. 68. Vgl. auch Trahernes Gedicht »Ye hidden nectars«
3 Vgl. die Übersetzung Ernst Lehrs, S. 36ff und siehe Anm. 2 zu *Hinweise des Übersetzers*.

Literaturhinweise

Englische Ausgaben der Werke Trahernes:

Traherne, Th.: *Centuries, Poems, and Thanksgivings*, 2 vols., edited by H. M. Margoliouth, Oxford, Clarendon Press, 1958.

Traherne, Th.: *Christian Ethics*, edited by Carol L. Marks and George R. Guffey, Ithaca, Cornell University Press, 1968.

Traherne, Th.: *Poems, Centuries and Three Thanksgivings*, edited by Anne Ridler, London, Oxford University Press, 1966.

Traherne, Th.: *Selected Poems and Prose*, edited by Alan Bradford, London, Penguin Books, 1991.

Deutschsprachige Ausgabe:

Englische Barockgedichte, ausgewählt, herausgegeben und kommentiert von Hermann Fischer, zweisprachig, Stuttgart 1971. (Der Band enthält die Gedichte »The Salutation« und »Admiration«.)

Biographie:

Wade, Gladys I.: *Thomas Traherne*, Princeton, Princeton University Press, 1944.

Englischsprachige Untersuchungen zu Traherne:

Clements, A. L.: *The Mystical Poetry of Thomas Traherne*, Cambridge, Harvard University Press, 1969.

Day, Malcolm M.: Thomas Traherne, Boston, Twayne Publishers, 1982.

Lewalski, Barbara K.: *Protestant Poetics and the Seventeenth-»Century« Religious Lyric*, Princeton, Princeton University Press, 1979.

Martz, Louis L.: *The Paradise Within: Studies in Vaughan, Traherne, and Milton*, New Haven, Yale University Press, 1964.

Pritchard, Allan: *Traherne's Commentaries of Heaven* (With Selections from the Manuscript), University of Toronto Quarterly, vol. 53, 1983, pp. 1-35.

Stewart, Stanley: *The Expanded Voice: The Art of Thomas Traherne*, San Marino, Ca., Huntington Library, 1970.

Wallace, John M.: *Thomas Traherne and the Structure of Meditation, English Literary History*, vol. 25, 1958, pp. 78-89.

Deutschsprachige Untersuchungen zu Traherne:

Döring, Gerhard: *Freudige Begeisterung*, in: *Die Christengemeinschaft*, 3/92, S. 115-120.

Lehrs, Ernst: *Mensch und Materie*, Ein Weg zu geistbejahender Naturerkenntnis durch Entwicklung von Beobachtung und Denken nach der Methode Goethes, Frankfurt 1953.

Lehrs, Ernst: *Der rosenkreuzerische Impuls im Leben und Werk von Joachim Jungius und Thomas Traherne*, Stuttgart 1962.